AF367799

RÉFLEXIONS

PHILOSOPHIQUES ET PHILANTHROPIQUES

SUR

TROIS GRANDS MORALISTES

CAEN, IMPRIMERIE DE F. LE BLANC-HARDEL

RÉFLEXIONS

PHILOSOPHIQUES ET PHILANTHROPIQUES

SUR

[illegible]

CONSIDÉRÉS AU POINT DE VUE DE L'AMÉLIORATION SOCIALE

suivie

D'UN EXPOSÉ TENDANT A DÉMONTRER L'INFLUENCE QUE PEUVENT
EXERCER LA LITTÉRATURE ET LES ARTS SUR LA MORALISATION

PAR

[illegible]

Ouvrage couronné par la Société nationale d'Encouragement au bien.

Vita est in mente.
La vie est dans la pensée.

PARIS

DENTU, LIBRAIRE
17-19, Galerie d'Orléans
Palais-Royal

CAEN

LE BLANC-HARDEL
LIBRAIRE
Rue Froide, 2 et 4

1879

PRÉFACE.

L'histoire et les doctrines des trois hommes illustres que nous devons étudier nous ont inspiré l'idée de choisir, comme base de notre travail, une devise qui résumât par elle-même toute leur existence, et c'est dans ce but que nous avons adopté celle-ci : *Vita est in mente*, la vie est dans la pensée. En effet, comme nous le verrons plus tard, lorsque nous méditerons leur philosophie, la vie entière de Socrate, de Marc-Aurèle et de Fénelon n'est qu'une longue suite de pensées. Ils nous l'ont du reste bien prouvé, le premier par les sublimes enseignements qu'il n'a jamais cessé de prodiguer avec le plus complet dévouement à ses disciples depuis son adolescence jusqu'à son dernier soupir ; le second par le remarquable traité de morale intitulé par lui-même : *Pensées de l'empereur Marc-Aurèle*, et qui est le complément de l'œuvre moralisatrice par lui tentée ; le troisième par les nombreuses et immortelles œuvres léguées à l'admiration de la postérité et dans lesquelles il a sacrifié toutes ses forces et tout son génie. Nous n'insisterons pas sur ce point, notre intention étant de ne faire connaître dans cette préface que la manière dont nous avons partagé notre travail et le but que nous avons eu constamment en vue. Nous avons divisé notre livre en trois parties distinctes, comme l'indique le titre : la première comprenant la biographie et la philosophie de Socrate ; la seconde, celles de Marc-Aurèle ; la troisième, celles de Fénelon. Nous avons exposé leurs doctrines et résumé leurs ouvrages, en insistant principalement sur les passages les plus propres à contribuer au perfectionnement social et d'où nous pouvons tirer les enseignements les plus salutaires pour notre édification morale. Enfin, nous terminons par un tableau des vices de notre société moderne, auxquels nous opposons les vertus austères de nos trois grands philosophes.

Nous engageons nos lecteurs à ne pas se tromper sur les motifs qui nous ont fait agir. Ce n'est pas l'espoir du succès qui nous a séduit, ce n'est pas par vanité ou par ambition que nous avons écrit ces réflexions, car nous avons conscience de la faiblesse de nos moyens; nous l'avons fait, et nous le déclarons avec la plus entière franchise, uniquement par amour pour l'humanité et par un ardent désir de contribuer à son bonheur, dans la mesure de nos ressources intellectuelles; dans un but essentiellement philanthropique et avec la résolution de traiter notre sujet au point de vue de l'amélioration sociale; enfin, par horreur du mal que nous avons constamment flétri et par amour du bien que nous n'avons cessé et que nous ne cesserons jamais d'exalter. Telles sont les dispositions avec lesquelles nous soumettons le fruit de nos méditations au public qui se chargera de prononcer sur leur valeur ou leur inutilité. Nous lui demandons simplement de vouloir bien nous tenir compte de l'intention qui nous a guidé en écrivant ces lignes, et des longues veilles que nous nous sommes imposées pour arriver à la réalisation de notre travail. Enfin, la seule récompense que nous souhaitons consiste dans l'estime et l'approbation de nos juges et de nos lecteurs ; et à défaut de succès, auquel notre modestie ne nous permet pas de prétendre, nous aurons du moins la satisfaction intérieure d'avoir contribué pour une part, si faible qu'elle soit, à une œuvre éminemment utile et morale.

PREMIÈRE PARTIE.

BIOGRAPHIE DE SOCRATE.

Socrate, fils d'un sculpteur nommé Sophronisque, naquit à Athènes vers le milieu du mois de mai de l'année 470 avant Jésus-Christ. Certains biographes de Socrate avancent ou reculent de deux ans les dates de sa naissance et de sa mort. Ce philosophe grec, l'un des plus célèbres de l'antiquité, qui fut estimé de ses contemporains et admiré de tous les siècles qui l'ont suivi, était né d'un père sans fortune et n'ayant d'autres ressources que celles que pouvait lui procurer son ciseau de sculpteur. Sa mère, nommée Phénarète, exerçait la profession de sage-femme. Un jour, le jeune Socrate, admirant une élégante statue sortie des mains habiles de son père, sentit naître en lui l'idée du beau; il résolut alors de la cultiver et de s'appliquer désormais à sa propre perfection et à celle de la nature humaine. N'écoutant donc que l'amour que lui inspire son noble cœur pour le bonheur de l'humanité, il abandonne dès lors ses affaires, son avenir, ses intérêts les plus chers et ne craint pas d'affronter les outrages, les calomnies et les haines auxquels l'exposait son grand et difficile projet. Il n'a en vue ni fortune, ni réputation, ni gloire, il ignore même s'il réussira, il ne sait si le succès couronnera ses efforts, et cependant rien ne le rebute, rien ne l'arrête, et depuis cette époque jusqu'à la fin de son existence, rien ne lassera sa patience, son courage et son dévouement pour les hommes. Nous le verrons pendant tout le cours de sa vie uniquement occupé du soin de combattre les erreurs, les préjugés et les vices, et s'entretenant partout et avec tous sur les places, dans les jardins et dans tous les endroits publics, avec le pauvre comme avec le riche, avec l'ignorant comme avec le savant, avec les gens du peuple comme avec les grands, des intérêts et des devoirs de chacun, et donnant au monde l'exemple de la justice et de la vertu la plus parfaite.

Socrate travailla d'abord dans l'atelier de son père, mais un Athénien puissant et riche nommé Criton ayant remarqué en lui de grandes dispositions pour la philosophie, résolut de l'aider de son crédit et de sa fortune, afin de lui faciliter ainsi l'étude de cette science. Peu à peu les réflexions et les méditations qu'elle lui inspira sur la nature et sur l'homme, le conduisirent à les étudier dans leur origine et dans leur fin, et à mesure qu'il pensait et raisonnait, il sentait naître et se fortifier en lui l'idée d'un être supérieur, qui subjuguait son âme et la remplissait tout entière. Jamais sa foi dans cette nouvelle divinité ne faiblit chez lui, au contraire, elle ne fit que s'affermir et grandir, et jusqu'à son dernier souffle, il persévéra dans son opinion d'une façon inébranlable, malgré les calomnies et les accusations dont il fut chargé. Cette croyance fut en effet une des principales causes qui motivèrent sa condamnation à mort, ses ennemis ayant prétendu qu'il corrompait la jeunesse, en lui enseignant des doctrines contraires à la religion et aux dieux de la patrie. Outre les ressources qu'il lui procura, afin de développer encore son goût pour l'étude, son protecteur Criton le mit en rapport avec les philosophes et les hommes de son temps les plus remarquables dans les arts et dans les sciences. Quant aux écrivains qui avaient vécu avant lui, il les connaissait aussi ; car étant plus jeune, il avait lu leurs meilleurs ouvrages.

La ville d'Athènes était alors remplie de sophistes dont les théories fausses et pernicieuses flattaient les passions des jeunes compatriotes de Socrate. Celui-ci sentit que si quelqu'un ne s'attachait pas à combattre leurs doctrines perverses, ils entraîneraient la Grèce dans une corruption générale, et il prit la courageuse résolution de les attaquer directement et d'engager par là une lutte opiniâtre avec tous les abus et

les vices que ces hommes venaient répandre.
Nous verrons plus tard, lorsque nous méditerons
sa philosophie, quels moyens il employa pour
réfuter leurs maximes, mais pour le moment
poursuivons sa biographie. Socrate avait appris
les mathématiques, l'astronomie et la physique et
il engageait fortement ses disciples à les étudier
aussi. Il avait lui-même appris les mathématiques de Théodore de Cyrène, l'un des géo-
mètres les plus célèbres de ce temps. Cependant
son goût naturel pour la philosophie l'emportant,
il préféra à ces sciences la connaissance des
lois immuables du vrai, du beau, du bien et
l'étude approfondie de l'homme à laquelle il
se consacra tout entier.

Les deux circonstances suivantes avaient pro-
duit sur lui une profonde impression et l'avaient
encore fortifié davantage dans sa philanthropique
détermination. La première est relative à la remarque qu'il fit, à l'entrée du temple de Delphes, d'une inscription grecque portant ces deux
mots : Γνῶθι σεαυτόν, connais-toi toi-même ; et la
seconde a rapport à l'oracle rendu en sa faveur
par la Pythie et dans lequel elle proclamait
Socrate le plus sage de tous les hommes. Nous
reviendrons sur ces deux faits d'une importance
capitale à cause de l'influence qu'ils exercèrent
sur la direction de ses pensées. Contentons-nous
seulement de dire que les recherches auxquelles il
se livra pour approfondir et expliquer le sens des

paroles du Dieu, et les réflexions qu'elles lui inspirèrent et qu'il ne craignit pas de faire connaître
au grand jour, lui attirèrent la haine de tous les
gens d'Athènes puissants et jaloux de sa gloire.

Voici un trait qui peint bien le caractère de
Socrate : un jour, en été, pendant le siége de
Potidée, il s'était abandonné à ses pensées depuis l'aurore et il était resté durant toute la jour-
née hors de sa tente, dans la même attitude,
exposé aux rayons ardents du soleil ; la nuit était
venue sans qu'il le remarquât et l'avait trouvé
toujours absorbé dans sa mystérieuse rêverie.
Plusieurs soldats, ses compagnons d'armes,
étonnés de le voir aussi longtemps dans cette
position et respectant sa profonde méditation,
étaient demeurés près de lui pendant la nuit
entière pour savoir quand il se retirerait. Il ne
sortit enfin de son extase que quand le jour re-
parut, et après avoir un instant contemplé le
ciel, il s'inclina comme pour l'admirer et le bénir
et rentra paisiblement dans sa tente.

L'extérieur et le visage du fils de Sophronisque
n'étaient pas agréables ; il avait, au dire du
physionomiste Zopyre, le nez relevé, les lèvres
épaisses, les yeux à fleur de tête, le cou gras et
court. Quoique son épouse Xanthippe fût d'un
caractère difficile, jamais il ne s'en plaignit,
jamais il ne s'emporta contre elle et il se con-
duisit toujours à son égard avec un calme,
une affabilité et une patience infatigables. Il

était pauvre et cependant il refusa constamment
les offres d'argent que lui firent ses disciples
et ses amis, les honneurs que lui proposèrent
plusieurs personnages très-influents, notamment
le roi de Macédoine, Archélaüs, qui voulait
l'attacher à sa cour. Afin d'avoir sans cesse
l'esprit présent et tranquille, quand il assistait
à un festin luxueux, il mangeait peu, étant
d'une sobriété très-grande. La malpropreté, le
désordre et l'indécence le révoltaient au point,
qu'un jour, exaspéré de la saleté et de l'excen-
tricité d'Antisthène et surmontant sa douceur
habituelle, il lui dit que son orgueil perçait à
travers les trous de son manteau. Il fut toujours
d'une conduite très-austère et ses ennemis même
les plus acharnés n'attaquèrent jamais la pureté
de ses mœurs. Dans les combats auxquels il
prit part, il ne cessa de donner l'exemple du
courage et du dévouement le plus sublime : ainsi,
au siége de Potidée, Alcibiade étant tombé au
pouvoir de l'ennemi, ce fut Socrate qui le délivra,
et lui donna en outre le prix de valeur qui
devait lui être décerné à lui-même : en Béotie,
au combat de Délium où les Athéniens furent
vaincus, le général en chef déclara que c'était
à lui qu'était dû en partie le salut du reste de
l'armée. Dans cette bataille, l'un de ses disciples,
Xénophon, ayant été blessé et renversé de che-
val, ce fut encore Socrate qui le releva et l'emporta entre ses bras. Dans la vie civile, il ne fut

ni moins utile aux Athéniens, ni moins dévoué aux intérêts du peuple; au moment où sa patrie était courbée sous le joug des Trente Tyrans, il forma l'audacieux projet de s'opposer à leurs décrets despotiques, et il ne craignit pas d'affronter leur colère en prodiguant à ses malheureux compatriotes les plus charitables consolations. Quelques années avant, à la suite d'une victoire remportée par la flotte grecque, les amiraux qui la commandaient n'avaient pu ensevelir les hommes morts dans ce combat naval. A leur retour à Athènes, le peuple demanda qu'ils fussent mis en jugement, et Socrate fut désigné avec quelques membres du Sénat dont il faisait partie, pour présider l'assemblée devant laquelle ils devaient comparaître. L'assistance, avide de vengeance et de sang, réclamait contre ces commandants la peine capitale ; aveuglée par la fureur, elle menaçait ceux qui résisteraient à sa volonté de leur faire encourir le sort des accusés. Les sénateurs tremblants n'osèrent s'opposer à la sentence que la colère du peuple exigeait ; mais Socrate, seul et inébranlable au milieu des cris de la populace, ne voulut jamais consentir à violer le serment qu'il avait fait de parler selon sa conscience et la vérité, et il ne cessa pas un seul instant de se conformer à la justice et aux lois.

Un auteur grec de son temps, Aristophane, avait, dans une comédie intitulée *les Nuées*, peint

le fils de Sophronisque suspendu dans les airs et
adressant aux nuages des invocations comme à
des dieux protecteurs. Il assista, dit-on, à la re-
présentation de cette pièce et s'apercevant que
des spectateurs le cherchaient des yeux dans la
salle, au lieu de se tenir à l'écart, il s'exposa
aux regards de tous. Le but de l'auteur était
évidemment de ridiculiser ce vertueux philosophe, mais la sagesse dont il avait toujours
fait preuve l'aurait mis bien au-dessus de
semblables attaques, si cette comédie n'avait été
accompagnée des calomnies les plus fausses et
les plus dangereuses, entr'autres de tromper
les hommes en les engageant à croire à une
divinité inconnue jusqu'à lui. Ces accusations,
jointes à ses opinions anti-démocratiques, sou-
levèrent le peuple, qui dès lors ne chercha plus
parmi les ennemis acharnés de Socrate qu'un
chef qui se mit à la tête de la coalition formée
contre lui. On choisit un partisan outré de la
démocratie, Anytus, qui après avoir été poursuivi par les Trente Tyrans et s'être montré l'un
des plus zélés défenseurs de la liberté populaire,
avait par ces motifs conquis la sympathie de
la multitude dont il était devenu l'idole. Il
avait été pendant longtemps l'ami de notre sage,
qui avait même donné quelques leçons à son
fils; mais Socrate ayant à plusieurs reprises
désapprouvé sa conduite à l'égard de cet enfant
et la manière dont il l'élevait, Anytus profita

de son impopularité pour le sacrifier à sa haine personnelle et à la vengeance de ses ennemis. Il fut donc décidé entre ses adversaires qu'un jeune homme, du nom de Mélitus, porterait au second des Archontes une accusation dans laquelle on reprochait à Socrate d'avoir introduit des divinités nouvelles et corrompu la jeunesse d'Athènes, ce qui entraînait pour lui la peine capitale. Cette dénonciation était appuyée par deux hommes alors très-influents, Anytus que nous venons de citer, et Lycon l'un des orateurs les plus chers à la populace dont il flattait les passions. Cependant le grand philosophe n'essaya nullement d'adoucir le ressentiment du peuple, il ne songea même pas à préparer sa défense. Toujours calme au milieu de ses disciples consternés, n'écoutant ni les prières de ses amis, ni les supplications de son épouse, ni les larmes de ses enfants, il encourageait et rassurait ceux qui l'entouraient, en leur disant : « J'ai vécu jusqu'ici le plus heureux des hommes. Les dieux me préparent une mort paisible, la seule que j'eusse pu désirer. La postérité prononcera entre mes juges et moi : elle me rendra cette justice que, loin de songer à corrompre mes compatriotes, je n'ai travaillé qu'à les rendre meilleurs. »

C'est avec cette résignation qu'il comparut devant le tribunal des Héliastes, composé de 556 juges. Après avoir entendu les objections qu'il fit aux accusations dirigées contre lui, ce que nous verrons dans la suite, et après avoir délibéré sur son innocence ou sa culpabilité, ceux-ci le déclarèrent coupable par 281 voix contre 275. Trois suffrages de plus en sa faveur auraient suffi pour l'absoudre, par l'égalité des voix, ce qu'il eût obtenu facilement par la plus légère démarche faite pour fléchir les Héliastes ou moins de fierté dans ses réponses ; mais il ne consentit jamais à recourir à la clémence du Tribunal et, dans toute sa justification, il ne voulut pas s'écarter de la plus grande sincérité. Socrate pouvait faire changer la peine de mort proposée contre lui en exil, détention ou amende pécuniaire ; mais en choisissant lui-même sa punition, il semblait se reconnaître coupable. Aussi repoussa-t-il encore ce dernier moyen, ce qui exaspéra ses juges au point que 80 de ceux qui avaient voté pour lui, se rangèrent à l'opinion de la majorité et la condamnation suprême fut prononcée. Il l'entendit avec la sérénité d'un homme dont l'existence tout entière n'avait été qu'une préparation à la mort. Apollodore l'ayant abordé pour lui exprimer sa douleur de le voir mourir innocent : Aimerais-tu mieux, lui dit-il en souriant, que je périsse coupable ? La veille du jour fatal, son ami Criton vint le voir de grand matin et lui offrit un refuge assuré en Thessalie. Socrate refusa en lui demandant s'il connaissait un endroit où l'on ne mourût pas , et comme son ami paraissait extrêmement découragé de ce refus, il s'engagea entre eux une conversation remarquable que Platon a rapportée dans son Dialogue de Criton, où Socrate démontre qu'en fuyant la sentence capitale, il désobéirait aux lois de sa patrie qu'il n'a jamais violées.

Enfin, l'intendant de la prison vint lui donner lecture de l'arrêt qui le condamnait à mourir du poison de la ciguë, et lui fit enlever ses fers. Plusieurs de ses disciples pénétrèrent alors dans son cachot ; sa femme Xanthippe était près de lui et portait entre ses bras son plus jeune enfant ; mais quand elle vit entrer les amis de son époux, elle s'abandonna au plus violent désespoir et l'on fut obligé de l'arracher de ce lieu de douleur. Ensuite commença cet entretien mémorable reproduit dans le Phédon où le maitre jouissant, pour la dernière fois, du bonheur d'instruire ses disciples, leur prouva, dans les accents les plus sublimes, que loin de redouter le trépas, l'âme doit le désirer comme un soulagement à ses souffrances et comme le prélude d'une vie meilleure. Il passa dans une salle voisine pour y prendre un bain, et après qu'il fut revenu, on lui amena ses enfants ; deux encore jeunes, Sophroniscus et Menexenus, et un plus âgé, Lamproclès, et il les recommanda et les confia à la vertu de ses amis. Alors le gardien de la prison, les yeux baignés de larmes, lui présenta le funeste breuvage et s'éloigna. Promenant son regard assuré sur ceux qui l'environnaient, Socrate prit d'une main ferme la coupe de l'immortalité et la vida avec sa tranquillité habituelle. Puis, comme ses parents et ses disciples sanglotaient et se livraient à la douleur, il leur dit, en marchant dans son cachot : « Que faites-vous, mes amis ? N'était-ce pas pour éviter des scènes aussi peu convenables, que j'avais renvoyé les femmes ? Car j'ai toujours ouï dire qu'il faut mourir avec de bonnes paroles. Tenez-vous donc en repos et montrez plus de fermeté. » Sentant ses jambes faiblir, il se coucha ; dès lors le froid s'empara de tout son être, et se découvrant, il adressa à Criton cette suprême parole : « Nous devons un coq à Esculape : n'oublie pas d'acquitter cette dette », voulant par là témoigner sa reconnaissance au dieu de la médecine qui l'avait délivré de la vie comme d'une souffrance. Enfin, il fit un mouvement convulsif et ses regards devinrent fixes ; Criton l'ayant remarqué, lui ferma les yeux. Ainsi périt celui qui avait été le maître de Xénophon, de Platon, d'Alcibiade et de tant d'autres, avec le calme d'un philosophe et le courage d'un martyr. Il mourut à Athènes à l'âge de 70 ans, dans la seconde moitié du mois de juin de l'an 400 avant notre ère. Les Athéniens ne tardèrent pas à découvrir son innocence et ils lui élevèrent une statue en bronze, œuvre du sculpteur Lysippe.

PHILOSOPHIE DE SOCRATE.

La vie est dans la pensée : telle est la devise que nous avons choisie comme base de ce travail. Dans notre préface nous avons fait connaître les motifs qui nous ont déterminé à choisir cette maxime résumant à notre avis toute l'existence des trois hommes illustres que nous avons à étudier. En effet, la vie tout entière de Socrate, de Marc-Aurèle, de Fénelon, s'est passée dans la contemplation et la réflexion ; ils ont négligé complétement la vie physique pour méditer la vie morale qui a fait l'objet de toutes leurs préoccupations, et dans le cours de leur philosophie, nous les verrons uniquement occupés de tout ce qui se rattache à l'esprit et à l'âme, ne pensant jamais au corps et aux choses matérielles et ne faisant consister l'existence humaine que dans la méditation.

N'est-ce pas aussi, comme nous l'enseigne Socrate, la pensée qui rend l'homme supérieur aux animaux et fait sa prééminence sur les brutes ? Notre but n'étant pas seulement d'étudier la philosophie Socratique, mais ayant encore en vue le perfectionnement humain, nous nous arrêterons quelques instants sur cette idée de la supériorité de l'homme par rapport aux bêtes ;

et nous nous efforcerons de démontrer que de
même qu'il est utile de faire voir à cet être doué
de raison, comment il l'emporte sur les êtres ir-
raisonnables, de même aussi il ne faut pas lui
montrer sa grandeur sans lui faire sentir sa faiblesse, mais il est bon de lui exposer en quoi il
est supérieur et en quoi il est inférieur. En effet,
si l'on ne fait pas voir à l'homme comment il
l'emporte sur les animaux, il ne se distinguera
d'eux que par la parole ; car, puisqu'il est semblable aux bêtes par l'organisation physique,
puisqu'il possède les mêmes sens et les mêmes
organes et qu'il est en outre doué de raison, il
peut en conclure qu'elles la possèdent également,
ce qui est d'abord une grave erreur. En second
lieu, nous possédons une âme immortelle et il
n'en est pas ainsi des animaux; en admettant
même qu'ils en aient une, cette âme qui n'est
autre chose que de l'instinct mourra avec eux.
Ils ont, il est vrai, une certaine intelligence naturelle, mais ils ne jouissent pas de la raison et
ils ne peuvent, par conséquent, se déterminer
pour le bien ou pour le mal, comme nous le faisons, nous qui sommes des créatures raisonnables. Partant de ce principe, si l'homme n'était
pas supérieur aux bêtes, nous serions forcés
d'admettre que leur âme comme la nôtre est
immortelle, ou bien qu'elles ne le sont ni l'une
ni l'autre, puisque celle des animaux étant mortelle, il en serait de même pour nous, à cause

de notre ressemblance avec eux. Dès lors nous ferions le bien ou le mal indifféremment, sans espérer aucune récompense ni craindre aucun châtiment pour la vie future.

Si au contraire on montre à l'homme sa grandeur sans lui faire sentir sa faiblesse, il se croira bien au-dessus de tout ce qui l'environne, et il pourra se faire que, pensant avoir des capacités naturelles beaucoup plus grandes qu'elles ne le sont en réalité, il veuille s'élever à la connaissance de choses que sa raison ne peut concevoir. Alors, oubliant son origine pour ne considérer que sa supériorité sur tous les êtres, il se demandera pourquoi il subirait le joug du souverain Maître à qui il doit cependant la vie, et pour échapper à cette loi désagréable qui blesse son orgueil, il cherchera à mettre en doute et par suite à nier l'existence de Dieu. Aussi sera-t-il plus coupable encore que celui qui, tout à l'heure, ne reconnaissait pas l'immortalité de l'âme, car celui-ci n'arrivait à ce résultat déplorable que par l'opinion exagérée de sa bassesse, tandis que celui-là cède à un sentiment de vanité et d'ambition excessives.

Il existe aussi un autre danger, si l'on ne fait pas connaître à l'homme en quoi il est supérieur et en quoi il est inférieur; c'est qu'il ne saura garder un juste milieu entre la prééminence qu'il a sur les animaux et sa ressemblance avec eux. Dans le premier cas, il se regardera comme étant tout à fait au-dessus d'eux ; dans le second, il se croira leur égal en tout. Dans l'un il se paraîtra à lui-même un génie capable des plus grandes choses et même de celles qu'il ne doit pas essayer d'approfondir ; dans l'autre, il lui semblera avoir été créé simplement pour vivre et pour mourir et n'avoir qu'un seul but : mener une existence heureuse, sans songer à son âme. Il peut enfin rester sans avoir conscience de son état actuel : alors il ressemble à ces êtres bruts, qui passent toute leur vie sans savoir ce qu'ils sont ni pourquoi ils existent.

Le seul moyen d'éviter tous ces inconvénients est donc de représenter à l'homme que, s'il a quelque analogie avec les bêtes par le corps, il leur est aussi bien supérieur par l'âme, d'où nous concluons avec Pascal : « Il est dangereux de faire voir à l'homme combien il est égal aux bêtes sans lui montrer sa grandeur, il est encore dangereux de lui trop faire voir sa grandeur sans sa bassesse, il est encore plus dangereux de lui faire ignorer l'un et l'autre, mais il est très-avantageux de lui représenter l'un et l'autre. » Nous terminerons ces réflexions en répétant ce que nous disions au début : c'est la pensée qui fait la prééminence de l'homme sur les brutes, c'est cette faculté si précieuse qui est le principe de tant de belles découvertes, qui permet à l'esprit de s'élever aux plus hautes conceptions, qui éveille en nous les plus sublimes sentiments. « Sans la pensée, disait Voltaire, nous ne serions guère au-dessus des animaux, qui se creusent des habitations, qui en élèvent, qui s'y préparent leur nourriture, qui prennent soin de leurs petits dans leurs demeures et qui ont par dessus nous le bonheur de naître vêtus. »

Nous nous occuperons maintenant spécialement de la philosophie de Socrate, et nous nous arrêterons sur les circonstances mémorables de sa vie qui offrent le plus d'intérêt, parce qu'elles nous font connaître ses doctrines et qu'elles portent avec elles un enseignement précieux. L'un des plus grands services qu'il rendit à sa patrie fut de combattre les funestes théories des sophistes venus à Athènes dans l'intention de captiver l'intérêt et d'exploiter l'ambition des jeunes gens en produisant à leurs yeux un talent brillant et spirituel, mais qui ne cachait au fond que scepticisme et vanité. Afin de préparer et faciliter leur succès, ces hommes commencèrent par répandre le désordre dans les idées et le dérèglement dans les mœurs ; aussi, pour combattre leurs doctrines, Socrate engagea-t-il ses concitoyens à se défier de leur éloquence, puis à mépriser leurs opinions ; si bien que les Athéniens finirent par éprouver une sorte de répulsion et de haine pour ces prétendus sages. Au nombre de ceux-ci se trouvaient Protagore, affirmant qu'il est impossible à l'homme d'acquérir une connaissance suffisante de la vérité, Gorgias

employant son talent persuasif et entraînant à
prouver à ses auditeurs qu'il n'existe rien de
réel, Prodicus reprochant à la nature de nous
avoir donné la vie et demandant le retour au
néant, Polus et Thrasimaque soutenant qu'il n'y
a pas de différence entre le bien et le mal, entre
le juste et l'injuste, maximes que partageaient
également Euthydème, Hippias, Calliclès et les
autres. Les deux principaux caractères de la méthode employée contre eux par Socrate ont été
définis et vantés par les plus célèbres auteurs
anciens sous le nom d'ironie et d'induction socratique. Afin de n'inspirer à ses contradicteurs
aucune défiance et pour empêcher qu'ils ne se
missent sur leurs gardes, il avait pris l'habitude
de cacher ses ressources intellectuelles et il se
présentait à eux comme un disciple soumis et désireux de s'instruire. Puis peu à peu feignant de
tout ignorer et sous prétexte de se renseigner,
ce qui était le meilleur moyen de ne pas éveiller
leurs soupçons et de gagner leur confiance, d'induction en induction, de conséquence en conséquence, il finissait par contredire ses adversaires, de telle sorte qu'ils devenaient eux-mêmes
la dupe de leurs systèmes. Alors, en présence
de tous ces jeunes gens séduits par leur esprit et
ivres des passions qu'ils encourageaient, à force
de discussions et de contradictions, il les ame-
nait à reconnaître l'absurdité de leurs maximes
et la fausseté de leurs raisonnements. Ce fut donc

au moyen de l'ironie et de l'induction, comme nous venons de le dire, qu'il triompha des Sophistes et préserva Athènes de la ruine dans laquelle ils l'auraient certainement entrainée.

Nous avons signalé, en faisant la biographie de Socrate, deux circonstances importantes qui paraissent l'avoir vivement affecté et inébranlablement affermi dans la détermination qu'il avait prise de concentrer toute son attention sur la tâche imposée à l'homme de se connaitre soi-même. Ces deux faits méritent que nous nous y arrêtions. La première de ces circonstances est relative à l'inscription grecque : Γνῶθι σεαυτόν, connais-toi toi-même, qu'il remarqua sur le frontispice du temple de Delphes. A partir de ce jour, il considéra ce précepte du Dieu comme un commandement, et pour lui obéir il se fit un devoir de sonder son propre cœur, ainsi que celui de tous les hommes qu'il lui serait possible d'examiner, afin de les amener à reconnaitre leur ignorance et l'obligation de scruter l'état de leur âme dans ses rapports avec le devoir et la Divinité. Méditons, nous aussi, ce précieux conseil de Socrate. Γνῶθι σεαυτόν, si utile à tous à cause des enseignements qu'il porte avec lui, des réflexions qu'il nous fait faire sur notre nature et de l'amélioration morale qui peut résulter pour nous de cette étude. Que faut-il donc faire pour acquérir cette science de nous-mêmes? C'est Platon, l'un des plus célèbres disciples de notre

grand philosophe, qui répond à cette question :
« Il faut, dit-il, pour parvenir à se connaître soi-
même, éloigner les préjugés, la passion, la
paresse. » Si l'on réfléchit un peu à la signification
du mot préjugé, on verra qu'il veut dire jugement
téméraire et par suite opinion fausse. Or, il est
évident que celui qui possède une idée fausse de
sa personne ou qui se laisse influencer par quelqu'un ou quelque chose, ne peut se connaître
soi-même ou se connait mal. En effet, si , à force
de s'élever ou de s'abaisser outre mesure, d'é-
couter ceux qui vantent ou blâment à l'excès
toutes ses actions, de ne considérer que ses
entreprises malheureuses, sans penser à celles
qui lui ont réussi et de conclure que la fatalité
le poursuit et le poursuivra toujours; si , dis-je,
un homme finit par se convaincre de tous ces
préjugés, il arrivera à ne pouvoir distinguer
quels sont véritablement ses moyens. Dès lors,
ne sachant de quoi il est capable, il se croira plus
intelligent ou plus sot qu'il ne l'est en réalité, et
par conséquent il ne pourra se faire de lui-même
une opinion vraie.

La passion peut aussi empêcher de se connaitre, car n'étant qu'un sentiment porté à
l'extrême et passé à l'état d'habitude, il s'ensuit
que nous l'éprouvons bien souvent sans nous en
apercevoir, tant il nous est familier; ou bien
quand nous le ressentons, nous le regardons
comme très-naturel et nous n'en tenons aucun

compte. De cette manière nous finissons par y conformer notre conduite, nous devenons ses esclaves, et quand nous voulons jeter un regard sur nous-mêmes et chercher quelles sont nos aptitudes, nous ne le pouvons pas, parce que la passion nous a transformés et ne nous laisse plus voir en nous qu'une nature fausse provenant de l'habitude, au lieu de la véritable dont nous avons été doués par le Créateur. Il nous importe donc de nous débarrasser des préjugés et de la passion qui, joints à la paresse, nous rendent incapables d'aucune science.

Non-seulement les préjugés et la passion interceptent la connaissance de soi-même, mais le défaut que nous venons de citer, la paresse, est peut-être le plus important; car on peut se corriger des deux premiers sans le troisième, mais avec lui cela devient impossible. En effet, le paresseux, n'ayant pas assez de courage et d'énergie pour surmonter les obstacles qui s'opposent à l'étude de sa propre science, ne saurait nécessairement se connaître soi-même. Cela demande il est vrai un travail de tous les instants, car il ne faut pas laisser échapper la moindre occasion d'approfondir son caractère, et ce n'est qu'au moyen de cette surveillance continuelle de nous-mêmes que nous arriverons à savoir quels sont nos bons et nos mauvais penchants, et ensuite à perfectionner les uns et à réprimer les autres. Ne nous abandonnons donc pas à cette mollesse qui avilit l'homme, et, si nous voulons nous connaître, éloignons les préjugés, la passion et la paresse.

A présent que nous savons ce que nous devons éviter pour parvenir à la connaissance de notre propre nature, nous examinerons ce qu'est cette nature en elle-même et quel profit moral nous pouvons retirer de cette étude. Nous aurons donc à résoudre ces deux questions : Que suis-je ? Quel intérêt ai-je à me connaître ? Je suis un être mortel, doué de raison, composé d'un corps et d'une âme, créé par Dieu et destiné à servir à ses desseins ; en d'autres termes, et pour rendre cette définition plus générale, les hommes sont les instruments de la volonté divine. Il suit de là que je dois surtout m'attacher à comprendre Dieu pour m'en faire une idée, et le seul moyen de le connaître, c'est de me connaître moi-même, selon les paroles de David répétées par Bossuet : « O Seigneur, j'ai tiré de moi une merveilleuse connaissance de ce que vous êtes. » Mais comment arriver à nous connaître ? Nous savons qu'il y a en nous deux parties bien distinctes : l'une mortelle, le corps ; l'autre immortelle, l'âme. Nous négligerons la première, parce qu'elle n'est que l'instrument des volontés de la seconde. C'est l'âme qui nous fait penser : or, Socrate nous apprend par ses enseignements que le but constant de nos pensées doit être d'abord de rechercher le vrai, ensuite de faire le bien et d'éviter le mal. Pour cela nous devons observer quels sont nos penchants, nous devons avoir les yeux constamment fixés sur nous-mêmes, et nous demander, au moment d'accomplir une action, si avant tout nous suivons les lois de la justice : alors nous examinons les causes qui nous déterminent à agir ainsi et les effets qui en résulteront. Si nous agissons, au contraire, sans réflexion et seulement en vue du profit, nous deviendrons de moins en moins difficiles sur les moyens et nous finirons par nous fausser le jugement, au point de croire honnêtes des procédés qui ne le seront qu'en apparence.

Un des premiers motifs que nous avons de nous connaître, c'est que, si nous voulons connaître Dieu, nous devons commencer par nous connaître nous-mêmes, notre connaissance nous menant naturellement à celle de Dieu. Nous n'avons pas besoin de nous arrêter à prouver ce que nous venons d'avancer, car Bossuet l'a fait avant nous. La raison aussi nous fait un devoir de nous connaître, puisque la philosophie nous dit qu'avant d'apprendre aucune science, il faut chercher ce que nous sommes. Le moyen donc d'arriver à bien nous connaître est d'étudier notre caractère, de voir quels sont nos défauts, car c'est par nos imperfections que nous pourrons juger des perfections de Dieu. A force d'approfondir toutes choses, notre jugement deviendra assez sain pour discerner parfaitement le bien du mal, et pour rapporter tout à Dieu qui est la cause première. En effet, s'il est vrai que nous devons fuir le vice et rechercher la vertu, ce n'est pas seulement le devoir qui nous impose cette loi, c'est aussi l'espérance d'être récompensés si nous avons fait le bien, ou la crainte d'être punis si nous avons fait le mal, croyances qui nous expliquent l'immortalité de l'âme, car si celle-ci était mortelle, où serait la justice divine ? On pourrait se conduire mal sans avoir rien à craindre, et les hommes vertueux ne seraient nullement récompensés : dès lors plus de distinction entre les bons et les méchants. Ainsi deux raisons principales nous prouvent qu'il est de notre intérêt d'apprendre à nous connaître : c'est que la connaissance de nous-mêmes nous conduit à celle de la vertu, et la connaissance de la vertu à celle de Dieu.

La seconde circonstance qui impressionna si vivement Socrate et lui valut tant d'ennemis, fut l'oracle rendu en sa faveur par la Pythie. Voici la réponse de l'oracle :

Σοφὸς Σοφοκλῆς, σοφώτερος Εὐριπίδης·
Ἀνδρῶν δ'ἁπάντων Σωκράτης σοφώτατος.

Sophocle est sage, Euripide est plus sage ;
Mais de tous les hommes le plus sage est Socrate.

Écoutons-le raconter les circonstances et les effets de la singulière démarche que fit son ami

Chéréphon auprès de la Pythie : « Athéniens, dit-il, dans son Apologie (Œuvres de Platon, traduites par M. Cousin), je vous donnerai de ma sagesse un témoin qui vous dira si elle est, et quelle elle est, et ce témoin est le Dieu de Delphes... Un jour Chéréphon eut la hardiesse de lui demander s'il y avait au monde un homme plus sage que moi ; la Pythie lui répondit qu'il n'y en avait aucun... Quand je sus la réponse de l'oracle, je me dis en moi-même : que veut dire le dieu ? Quel sens cachent ses paroles ? Car je sais qu'il n'y a en moi aucune sagesse, ni petite ni grande. Que veut-il donc dire en me déclarant le plus sage des hommes ? Car enfin il ne ment point ; un dieu ne saurait mentir. Je fus longtemps dans une extrême perplexité sur le sens de l'oracle, jusqu'à ce qu'enfin, après bien des incertitudes, je pris le parti que vous allez entendre, pour connaître les intentions du dieu. » Il entre après cela dans de grands détails sur la peine qu'il se donna pour découvrir, par un examen comparé de son caractère avec celui des plus distingués parmi les Athéniens, quelle était la qualité qui avait pu lui mériter le titre du plus sage des hommes. Se mettant en devoir d'interroger successivement ceux qui, dans toutes espèces de connaissances, d'arts, de métiers, passaient pour les plus habiles, les politiques, les philosophes, les poètes, les artisans, il reconnut que tous s'imaginaient savoir ce qu'ils ne savaient pas ; parce qu'ils excellaient dans une branche spéciale, ou étaient doués d'un talent particulier, ils se croyaient de même supérieurs en d'autres genres et capables de juger, ou bien dispensés de s'occuper de la recherche impartiale du vrai et du bon, dans les choses les plus importantes et les intérêts les plus graves. Quoique plus ignorant et moins habile que les hommes d'État et les artistes auxquels il s'était adressé, il se trouva plus sage qu'eux, en ce qu'il ne se faisait du moins pas illusion sur ses lumières. « Il est évident, conclut-il, que l'oracle s'est servi de mon nom comme d'un exemple, et comme s'il eût dit à tous les hommes : le plus sage d'entre vous, c'est celui qui, comme Socrate, reconnaît que sa sagesse n'est rien. »

Cette haute opinion du dieu de Delphes sur le fils de Sophronisque excita naturellement contre lui la jalousie et l'indignation de tous les citoyens d'Athènes, ambitieux et influents, qui enviaient surtout sa grande réputation et qui considérèrent la déclaration de la Pythie comme présomptueuse et sacrilége. Aussi cet oracle et les reproches qu'on lui fit d'avoir introduit des divinités nouvelles et corrompu les jeunes gens, furent-ils les principaux griefs sur lesquels on fonda l'accusation dirigée contre lui. Il comparut donc devant le tribunal des Héliastes, et quand il rapporta la réponse d'Apollon, qui le déclarait le plus libre, le plus juste et le plus

sage des hommes, ses juges, ainsi qu'on devait
s'y attendre, jaloux des faveurs qu'il obtenait
des dieux, firent entendre un murmure de colère
et de haine. Alors Socrate reprit : « Cependant,
citoyens, Apollon s'est exprimé dans ses oracles
au sujet de Lycurgue, le législateur des Lacédémoniens, dans des termes plus magnifiques
que pour moi. En effet, au moment où Lycurgue
entrait dans le temple, il lui dit : Je me demande
si je dois t'appeler un dieu ou un homme. Pour
moi, l'oracle ne m'a pas comparé à un dieu,
mais il a dit que je l'emporte de beaucoup sur
les autres hommes. N'allez pas néanmoins vous
en rapporter légèrement à la Pythie, mais pesez
une à une ces paroles : Connaissez-vous un
homme qui soit moins que moi esclave des appétits du corps ? Un homme plus indépendant,
moi qui ne reçois de personne ni don ni salaire ?
Et qui donc pourriez-vous raisonnablement considérer comme plus juste qu'un homme qui s'est
accommodé à sa fortune présente, au point de
n'avoir jamais besoin de ce qui est à autrui ?
Pour la sagesse, comment pourrait-on véritablement ne pas la reconnaître en moi, qui du
moment où j'ai commencé à comprendre la
langue humaine, n'ai jamais cessé de rechercher ou d'apprendre tout ce que je pouvais de
bien ? La preuve que mes travaux n'étaient pas
stériles, ne la trouvez-vous pas dans ce fait qu'un
grand nombre de citoyens et même d'étrangers

aspirant à la vertu, ont voulu par dessus tout converser avec moi ? Comment expliquerez-vous que tant de gens, sachant que je n'ai pas le moins du monde le moyen de rendre, désirent cependant me faire quelque présent ? »

Quand ensuite les Héliastes reprochèrent à Socrate de ne pas admettre les divinités d'Athènes, il opposa les habitudes de toute sa vie, les sacrifices qu'il offrait devant sa maison et pendant les fêtes sur les autels publics, et dont Mélitus lui-même, l'un des accusateurs, avait pu être témoin. Pour se disculper du tort d'introduire des dieux étrangers, il représenta sa conscience comme lui paraissant un interprète préférable aux indications que l'on tirait ordinairement du vol des oiseaux. S'adressant alors à ses délateurs, qui l'accusaient de ne pas reconnaître de dieux, il leur dit : « Est-il quelqu'un, Mélitus, qui croie à l'existence des choses humaines sans croire à celles des hommes ? Juges, ordonnez-lui de répondre directement et sans hésiter. Peut-on nier par exemple qu'il existe des chevaux et admettre cependant l'équitation ? Qu'il existe des musiciens et néanmoins reconnaître la musique ? Cela ne se peut, n'est-il pas vrai ? Je vous le dis à tous ici présents, puisque vous ne voulez pas répondre. Mais du moins, Mélitus, réponds à ceci : Est-il un homme qui admette les choses divines sans admettre les divinités ? — Il n'y en a pas. — Tu as eu encore bien de la peine à me répondre, et ce n'est que parce que les juges t'y ont contraint. Ainsi tu dis que j'admets et que j'enseigne les choses divines, soit nouvelles, soit anciennes, et même selon ton raisonnement et comme tu l'as affirmé dans ton accusation, je les reconnais. Or, si je crois aux choses divines, je dois aussi nécessairement croire aux divinités. N'est-ce pas évident? Je suppose que tu partages aussi mon opinion, puisque tu ne réponds pas, et n'appelons-nous pas les divinités du nom de dieux ou d'enfants des dieux, oui ou non? — Sans doute! — Puisque donc j'admets des divinités, comme tu le reconnais toi-même, si elles sont des dieux, autant vaudrait dire que tu ris et plaisantes, quand tu soutiens que tantôt je ne reconnais pas les dieux, tantôt je les reconnais. Si, d'un autre côté, ces divinités sont les enfants illégitimes des dieux et des nymphes; ou bien encore si, comme on le prétend, elles ont une autre origine, quel homme reconnaîtrait les enfants des dieux sans reconnaître également les dieux? Il serait aussi absurde que celui qui croirait à l'existence des mulets sans croire à celle des chevaux et des ânes. Il n'est donc pas possible, ô Mélitus, que tu n'aies pas fait cette dénonciation contre moi pour m'éprouver, ou parce que tu ne savais quel véritable tort me reprocher. Mais quant à faire croire à un individu même peu intelligent, que le même homme peut admettre les choses divines et nier en même temps l'existence des divinités, des dieux et des héros, c'est complètement impossible. »

Socrate, passant à l'autre délit qui lui était imputé, somma les parents des jeunes gens qu'on lui reprochait d'avoir corrompus de se lever et de déposer contre lui, s'ils avaient à se plaindre de son influence sur leurs fils ou leurs frères ; il rappela tous les efforts par lesquels il avait cherché à les éclairer sur leurs véritables intérêts, et à leur persuader qu'avant le soin du corps et des richesses, est celui de l'âme et de son perfectionnement. Cet homme, qui fut pour ainsi dire l'oracle de la sagesse humaine sur la terre, pensait qu'il ne fallait rien demander aux dieux, si ce n'est de nous accorder des bienfaits, car eux seuls savaient qu'ils étaient utiles à chacun, et que les choses que nous désirons ordinairement ont pour objet celles qu'il serait plus utile de n'avoir pas obtenues. En effet l'esprit humain, enveloppé des ténèbres les plus épaisses, se livre à des prières aveugles ; il désire les richesses, qui ont fait tant de victimes ; il convoite les honneurs, qui ont perdu tant d'ambitieux ; il recherche avec ardeur des mariages splendides qui font quelquefois, il est vrai, l'illustration des familles, mais qui souvent aussi les renversent de fond en comble. Qu'il cesse donc dans sa démence de convoiter les choses qui ont été trop souvent la cause de tant de maux et qu'il s'abandonne tout entier à la volonté des dieux ; car ceux qui ont coutume d'accorder des bienfaits peuvent aussi choisir ceux qui nous conviennent le mieux. A l'appui de la défense de Socrate et pour le justifier de cette infâme calomnie de corrompre les jeunes gens, nous rapporterons un discours qu'il adressait à son fils Lamproclès, irrité contre sa mère, et dans lequel il le menaçait de la colère divine et de la réprobation universelle : « Mon fils, lui dit-il, je vous avertis d'une chose, et vous engage à écouter avec soin mes paroles : chacun, dans cette ville, vous accuse d'ingratitude, chacun vous blâme de votre conduite ; pour ce qui me concerne, ces reproches me semblent justes. Or, il nous importe à tous deux, à moi votre père, de ne pas entendre de telles accusations ; à vous, de ne pas les mériter. Hier encore, quand vous reveniez de vous promener ou de visiter vos amis, vos paroles acerbes ont causé un vif chagrin à votre mère ; vous n'ignorez pas cela, je pense. Et pourtant, c'est elle qui vous a donné le jour, qui vous a nourri de son lait, qui vous a appris toutes les choses que vous pouviez attendre d'elle ; vous avez puisé dans ses sages conseils tout ce qui peut vous apporter le bonheur. Elle se réjouit de vos joies, elle s'afflige de vos peines ; tous ces biens qui sont à vous, elle vous les a procurés par ses soins assidus ; quand vous êtes malade, elle vous soigne ; pendant que vous passez le temps à vous amuser, elle pleure au souvenir de votre ingratitude. Vous et moi, nous savons bien tout cela, et cependant vous paraissez l'oublier. Ayez donc pitié d'elle ; il est d'un bon fils d'aimer et de respecter ses parents ; autrement le mépris des hommes et la colère des dieux vous attendent. Vous avez de bons sentiments ; plus tard vous connaîtrez par l'expérience combien les conseils que je vous donne sont utiles à étudier. » Ces paroles ramenèrent, dit-on, Lamproclès à de meilleurs sentiments, et il fut dans la suite plein de respect et d'amour envers sa mère.

Après nous être arrêté sur les circonstances les plus remarquables et les plus importantes de l'existence de Socrate, il ne nous reste plus qu'à résumer ses doctrines. Il n'aspira point à déterminer la portée, les bornes, la valeur de nos connaissances, les règles auxquelles nos facultés sont assujetties dans l'investigation de la vérité ; encore moins les lois qui régissent l'univers. Il ne se demanda point : que nous est-il possible de savoir ? Mais uniquement : quelle est notre tâche ? Ce qui concerne directement la destination de l'homme, ses devoirs envers lui-même et ses semblables, ses rapports avec la Divinité, ses motifs d'espérer l'immortalité de son âme, la providence, la bonté, la sagesse de l'arbitre suprême : voilà les sujets non-seulement favoris des entretiens de Socrate, mais qu'il jugeait ex-

clusivement dignes d'occuper le philosophe. La
connaissance de nous-mêmes était, à ses yeux,
la source de toute sagesse ; et la philosophie, la
science du bien et du mal moral, ou plutôt l'art
de se mettre en possession de l'un et de se ga-
rantir de l'autre. Il commençait par rechercher
les caractères qui les distinguent ; le vrai bien
est selon lui permanent et inaltérable ; il remplit
l'âme sans l'épuiser ; il lui donne tranquillité pour
le présent, sécurité pour l'avenir. Les avantages
qui excitent le plus nos désirs, les plaisirs des
sens, ceux même de l'esprit, la santé, les richesses, le pouvoir et les honneurs, ne sont pas
des biens en eux-mêmes, puisqu'ils peuvent être
une source de tourments, et que la crainte de les
perdre nous ôte notre repos. Il en est de même
des maux que nous redoutons : ils nous procurent quelquefois plus d'avantages que les biens
qui nous font envie.

En terminant notre étude sur Socrate, nous
reproduirons les dernières paroles qu'il prononça
devant les Héliastes : « Juges, leur dit-il, vous
devez avoir confiance dans la mort et retenir
bien ceci : pour l'homme de bien, il n'existe aucun mal, ni pendant sa vie ni après sa mort, et
les dieux pensent toujours à lui ; pour moi, le
hasard n'est pas cause de ce qui m'arrive aujourd'hui, mais il me paraît évident qu'il valait
mieux dans mon intérêt mourir maintenant et être
débarrassé de tout soin. Aussi rien n'a-t-il pu me

détourner et je ne suis nullement irrité ni contre ceux qui m'ont condamné, ni contre mes accusateurs. Et pourtant ils ne m'ont pas accusé et condamné dans ce but, mais ils croyaient me nuire et je suis en droit de leur faire ce reproche. Cependant je leur adresse cette prière : Athéniens, ne craignez pas de punir mes enfants, quand ils seront parvenus à l'âge d'hommes, et de leur faire les mêmes réprimandes que je vous adressais moi-même, s'ils vous paraissent préférer les richesses ou autres biens au culte de la vertu ; et si, n'étant rien, ils pensent être quelque chose, blâmez-les, comme je vous blâmais, de ce qu'ils remplissent mal leurs devoirs et se croient quelque valeur, alors qu'ils ne sont bons à rien. En agissant ainsi, nous n'aurons pas à nous plaindre de votre justice, ni mes enfants ni moi. Mais enfin l'heure est venue de nous séparer ; moi, je vais mourir, et vous, vous allez vivre. Qui de nous a le meilleur partage ? Dieu seul le sait. »

Ainsi fut récompensé le sage par excellence, celui qui peut-être a fait le plus d'honneur à la nature humaine. Aussi les historiens blâment-ils avec raison les Athéniens de leur légèreté et ne nous cachent-ils pas le mépris qu'ils ressentent de leur ingratitude dont voici quelques exemples : Socrate, cet homme vertueux, qui d'après sa morale a été jugé le plus grand philosophe de l'antiquité, fut accusé d'avoir enseigné l'impiété à la jeunesse et condamné à boire la ciguë ;

Phocion, qui servit l'État sans intérêt, car il vécut toujours pauvre, fut aussi condamné à mort par les Athéniens ; ce peuple ingrat n'eut pas honte de bannir Aristide et de lui faire un crime de sa justice ; Démosthènes, qui secourut et défendit sa patrie par sa mâle éloquence, fut accusé d'avoir reçu une coupe d'or d'Alexandre et condamné à l'exil ; enfin Miltiade, qui avait délivré Athènes du joug des Perses, fut condamné à une grosse amende, et n'ayant pu la payer, il mourut dans sa prison.

DEUXIÈME PARTIE.

BIOGRAPHIE DE MARC-AURÈLE.

Marcus-Aurelius-Antonius-Augustus ou Marc-Aurèle, surnommé le philosophe, seizième empereur romain, l'un des plus recommandables et des plus célèbres princes de l'antiquité païenne, naquit à Rome, le 26 avril de l'an de Jésus-Christ 121, sous le consulat d'Augur et d'Annius Verus, son grand-père. Il reçut à sa naissance le nom de son aïeul maternel Catilius Severus ; lorsqu'il prit la robe virile, celui d'Annius Verus, et quand il fut adopté par Antonin, celui de Marcus Aurelius Antoninus. Il était fils d'Annius Verus et de Domitia Lucilla ; son père étant mort jeune, il fut adopté par son aïeul. On lui donna pour maîtres les hommes les plus remarquables de son temps : Fronton, Hérode Atticus, Apollonius de Chalcis, Junius Rusticus, Sextus de Chéronée, pour lesquels il eut toujours la plus grande estime. Il fit peu de progrès dans les lettres, mais il s'appliqua bien-

tôt à l'étude de la philosophie des Stoïciens,
dont il prit le costume et observa les austérités ;
ainsi il couchait sur son manteau et sa mère
eut bien de la peine à le décider à coucher sur
un lit couvert seulement d'une peau. L'empereur
Adrien l'aimait beaucoup à cause de son caractère sérieux et pensif, aussi l'appelait-il souvent Verissimus, en raison de la passion qu'il
avait pour la vérité. Celui-ci le nomma cheva-
lier à l'âge de six ans, et lui donna la robe
virile à quinze ans. L'un des premiers actes de
Marc-Aurèle fut de donner à sa sœur Annia
Cornificia, épouse de Numidius Quadratus,
toute la succession de son père, pour qu'elle fût
aussi riche que son mari. Peu après il fut nommé Préfet de Rome, et à partir de ce moment
il abandonna la chasse et les exercices du corps
pour lesquels il avait une véritable passion ; on
ne le vit plus dans les spectacles et les diver-
tissements publics. Adrien, laissant alors le
trône, choisit pour lui succéder Antonin, à condition qu'il adopterait Marc - Aurèle. Antonin,
étant donc devenu empereur, donna à celui-ci sa
fille Faustine en mariage, le créa consul, puis
césar et lui fit prendre connaissance de toutes les
décisions du Sénat, pour l'initier au gouvernement. Mais toutes ces dignités ne lui firent pas
oublier l'étude de la philosophie, et Antonin
appela d'Athènes l'illustre Apollonius pour le
perfectionner dans cette science. Enfin, Antonin

mourut le 7 mars 161. Marc-Aurèle lui succéda et s'associa son frère adoptif Lucius - Aurelius Verus, qu'il fit césar et auguste et auquel il fiança Lucile, sa fille.

Des malheurs effroyables signalèrent le début de son règne. Le Tibre et le Pô débordèrent, dévastèrent les plaines de l'Italie, anéantirent toutes les récoltes et produisirent la famine et la peste, qui emportèrent une partie de la population. Pendant qu'il combattait tous ces fléaux, les barbares longtemps contenus firent irruption par toutes les frontières de l'empire: les Parthes envahirent la Syrie, les peuples Germains et Sarmates, Marcomans, Vandades, Quades, jaziges réunis dans une ligue formidable, franchirent le Danube, s'avancèrent jusqu'aux Alpes et menacèrent l'Italie. Il envoya contre les Parthes son collègue Lucius Verus, afin de provoquer en lui l'amour de la gloire et de lui faire oublier les plaisirs sensuels auxquels il s'était abandonné. Marc-Aurèle lui adjoignit même quelques-uns de ses amis pour le guider et le conseiller, et lui adressa en partant les plus sages exhortations ; mais ce fut en vain, car Verus, laissant aux officiers sous ses ordres le soin de diriger les opérations, se livra dans Antioche au luxe et à la volupté, dont il avait pris l'habitude à Rome. Pendant ce temps le grand prince s'occupait de réparer les désastres de l'inondation et de la famine. Il établit des greniers publics dans toute l'Italie, il étendit les relations commerciales des Romains jusqu'aux extrémités de l'Asie orientale, il augmenta la puissance du Sénat, et le fit respecter, même quand il ne partageait pas son opinion, il simplifia les procédures, il détermina le taux légal de l'intérêt, proscrivit l'usure et assura la perception des impôts.

Cependant, l'expédition contre les Parthes étant terminée à l'avantage de Rome, grâce au courage et à l'activité des généraux de Lucius Verus, celui-ci qui pourtant n'avait contribué en rien à la victoire, rentra dans Rome avec les honneurs du triomphe que partagea son collègue. Peu après la guerre reprit avec les Quades et les Marcomans qui avaient déjà dévasté la Germanie. Le Sénat décida que les deux empereurs prendraient le commandement de l'armée, et pour s'attirer la protection des dieux, on offrit un grand nombre de sacrifices. Les troupes se mirent en marche au commencement de l'année 169. L'ennemi, battu sur toute la ligne, voulut se rendre; mais Marc-Aurèle fut d'avis de le poursuivre encore pour l'amener à une reddition complète. Sur ces entrefaites Verus mourut pendant l'expédition, de sorte que l'empereur se vit obligé de continuer seul la guerre; mais les ressources étant venues à manquer, il ne voulut pas avoir recours à ses sujets à demi ruinés par la famine, la peste et l'invasion qui s'étaient abattues sur eux depuis plusieurs années. Pour ne pas appauvrir tout à fait son malheureux peuple, il aima mieux, au lieu de le surcharger encore d'impôts, faire vendre tout le mobilier de son palais, pour faire face aux dépenses et aux pressantes nécessités de cette difficile situation.

Durant cette campagne, à la fois si glorieuse pour le chef qui l'avait conduite et si coûteuse pour l'empire romain, l'armée, s'étant trouvée prise et bloquée par les Quades dans un défilé, était sur le point de mourir de soif; beaucoup de soldats commençaient même à s'abandonner au désespoir, quand un miracle vint au secours des troupes et les sauva d'une mort inévitable. Il y avait dans les rangs un grand nombre de chrétiens qui formaient un corps désigné sous le nom de Légion Fulminante. Ces hommes voyant le danger imminent qui les menaçait, eux et leurs compagnons d'armes, eurent recours à leur foi et commencèrent à adresser au Ciel leurs ferventes prières. Aussitôt la pluie se met à tomber en abondance et procure aux romains un soulagement aussi inattendu qu'impatiemment désiré. Au même instant une tempête formidable assiége les Barbares et vient jeter dans leurs rangs le désordre et l'épouvante. Leurs adversaires profitent alors de leur confusion et se retournent sur eux avec un tel acharnement qu'ils ne tardent pas à leur faire rendre les armes.

Pendant que Marc-Aurèle remportait sur les

Marcomans et les Quades ces brillantes victoires,
il apprend qu'Avidius Cassius s'est révolté et
cherche à se faire nommer empereur ; il se dirige
à sa rencontre, mais avant d'avoir pu le rejoin-
dre, on lui présente la tête de ce chef séditieux
(175). Il aurait pu rechercher ceux qui, d'accord
avec lui, avaient formé le complot et conduit la
faction, et tirer d'eux une vengeance éclatante ;
mais n'écoutant que sa clémence et sa bonté, il
fit grâce à la famille de Cassius et brûla tous les
documents qui se trouvaient chez lui, de peur de
découvrir les auteurs de la conspiration. Il fit ensuite un voyage en Grèce, dont il visita les principales villes et particulièrement Athènes, étu-
diant sans relâche l'histoire, la littérature et la
philosophie grecques et s'appliquant avec ardeur
à connaître les sciences et les mœurs de ce pays.
Lorsqu'il revint à Rome, ses sujets, transportés
d'admiration et d'enthousiasme pour son génie
militaire, lui décernèrent les honneurs du triomphe, et pour perpétuer le souvenir de ses immortelles campagnes, ils lui élevèrent dans le
Champ-de-Mars un superbe monument qui sub-
siste encore. Enfin, les Germains ayant entre-
pris une nouvelle expédition, Marc-Aurèle se
remit en route, en 178, pour les atteindre et les
anéantir ; il les rejoignit en effet et leur livra une
bataille qui fut sa dernière victoire, car après
avoir poursuivi cette guerre pendant deux ans,
les soucis du gouvernement, les fatigues des

camps et les maladies l'accablèrent et l'épui-
sèrent au point qu'il succomba à Vienne, en Au-
triche (180). Ses restes mortels furent rapportés
à Rome, et sa mort fut pour tous ses concitoyens
un deuil immense, car ils perdaient en lui non-
seulement un protecteur puissant et un guerrier
invincible, mais aussi le véritable père de la
nation. Quoiqu'il fût revêtu d'une puissance illi-
mitée et gouvernât par lui-même d'une manière
absolue, cela ne l'empêchait pas de consulter
toujours le Sénat dont il respectait les décisions,
alors même qu'il était en désaccord avec lui et ne
partageait pas ses idées. L'une de ses plus grandes préoccupations fut l'exercice de la justice; il
aimait à la pratiquer et à la rendre lui-même et
toujours avec impartialité et douceur.

Marc-Aurèle eut un fils nommé Commode,
qui régna de 180 à 192, indigne à tous égards de
son père, dont il n'avait ni les qualités militaires,
ni les sentiments élevés, ni l'amour de la tolé-
rance et de la charité. A peine arrivé au pouvoir,
il se hâta de faire la paix avec les Barbares pour
revenir à Rome se livrer à sa passion pour les
jeux du cirque. Il ne rougit pas d'y combattre
lui-même comme gladiateur et descendit plus de
sept cents fois dans l'arène; ses folies et ses
cruautés effrayèrent ses courtisans eux-mêmes
qui l'assassinèrent (192). Il fut le septième et
dernier des empereurs Antonins.

Obligé de passer presque toute sa vie dans les

camps, Marc-Aurèle put cependant s'adonner à l'étude et à la pratique de la philosophie, à laquelle il consacrait une partie des nuits. Il nous a laissé des réflexions philosophiques écrites en grec, adressées à lui-même; elles sont divisées en douze livres et intitulées : *Pensées de l'empereur Marc-Aurèle*. Dans cet ouvrage, il ne cesse de parler à lui-même et d'un bout à l'autre on y respire la morale la plus pure; c'est du reste de tous les livres profanes que nous offre l'antiquité, celui qui a le plus de ressemblance avec les enseignements de l'Évangile. L'époque des Antonins produisit une multitude d'auteurs, parmi lesquels on distingue le biographe et moraliste Plutarque, l'historien Hérodien, le critique Lucien, le médecin Gallien. L'école stoïcienne, qui donnait à Rome ses derniers citoyens et ses grands jurisconsultes, lui fournit aussi trois moralistes d'une doctrine très-élevée : Épictète, Antonin et notre philosophe Marc-Aurèle. Austère dans sa vie, ennemi du faste et des amusements frivoles, ce grand prince transporta dans son gouvernement les idées de justice et d'humanité qu'il portait dans son âme, et offrit à l'univers l'image de la sagesse humaine assise sur le trône. Mais le monde ne pouvait être régénéré que par les vertus surnaturelles dues au christianisme.

On se demande comment expliquer, à l'égard des disciples du Christ, les cruautés de Marc-

Aurèle si tolérant et si charitable envers tous et
même, envers ses ennemis. On ne peut attribuer
cette conduite barbare qu'à son ignorance absolue des dogmes chrétiens et aux perfides conseils
d'infâmes calomniateurs qui lui représentaient
comme rebelles des sujets qu'il aurait aimés
comme des frères, s'il eût connu toute la sublimité de leur mission, puisque, sans le savoir, il
partageait leurs doctrines et pratiquait leurs vertus. L'Église n'en continua pas moins d'affermir
ses conquêtes malgré les hérésies et les persécu-
tions. Sous cet empereur, saint Polycarpe, disciple de saint Jean et évêque de Smyrne, et saint
Pothin, premier évêque de Lyon, tous deux no-
nagénaires, moururent héroïquement pour Jésus-
Christ. Le grec saint Irénée, formé à la même
école et successeur de saint Pothin, illumina les
Gaules de l'éclat de sa science et de ses vertus
apostoliques. Un philosophe converti, saint Jus-
tin, adressa ses deux apologies si dignes d'être
entendues, la première à Antonin, la seconde à
Marc-Aurèle, sous le règne duquel il souffrit le
martyre. Au monde païen dépourvu de toute
croyance ou qui s'abandonnait aux superstitions
les plus monstrueuses et au fanatisme le plus
sanguinaire, quelle conduite opposait alors le
christianisme? L'innocence, les miracles, le
génie et le courage de ses enfants, et sa victoire
est assurée.

PHILOSOPHIE DE MARC-AURÈLE

En commençant notre étude philosophique sur Socrate, nous disions que l'existence tout entière de ce sage par excellence avait été employée à réfléchir et à méditer. Ceci s'applique également au philosophe qui nous occupe maintenant, et du reste son livre, intitulé : *A moi-même ou Pensées de Marc-Aurèle*, justifie bien que pour lui aussi la vie consiste dans la pensée. Nous nous proposons d'étudier ce monument précieux et remarquable au point de vue moral et philosophique, et nous insisterons particulièrement sur les passages qui offrent le plus d'intérêt à cause des enseignements qu'ils renferment, et qui sont les plus propres à contribuer à l'œuvre poursuivie par tous les amis de la philanthropie et par tous ceux qui, comme nous, désirent le bonheur des hommes, c'est-à-dire à l'amélioration sociale.

Le premier livre des pensées de Marc-Aurèle est consacré à méditer les exemples et les leçons de vertu qu'il avait reçus de ses parents et de ses maîtres. Quels modèles m'offre mon aïeul Annius Verus dit-il ? La résignation et une grande douceur. Les qualités distinctives de mon

père étaient la modestie et la grandeur d'âme.
Celles de ma mère : la piété et la générosité ;
je dois donc comme elle éviter le mal et même
n'y pas penser, et de plus observer sa tempérance et sa simplicité. Je dois de la reconnaissance à mon bisaïeul qui m'a procuré des maîtres
distingués ; à mon précepteur qui a détourné
de moi la passion pour les jeux du cirque et les
combats des gladiateurs, et m'a enseigné à souffrir
la peine, à modérer mes besoins, à travailler,
à ne pas m'occuper des autres. Diogenète m'a
appris à mépriser les frivolités, la superstition et
le fanatisme ; il m'a donné l'habitude de la franchise, il m'a inspiré l'amour de la philosophie ;
pendant ma jeunesse il me faisait composer des
dialogues, il m'accoutumait à coucher sur la terre
et à supporter toute espèce de privations. Grâce
à Rusticus, j'ai pu surveiller et modifier mes penchants, il m'a mis en garde contre les sophistes,
il m'a conseillé de ne pas rechercher les applaudissements et de ne pas acheter les louanges des
hommes par le luxe et la prodigalité, il m'a
détourné de la rhétorique et de la poésie, il m'a
montré la simplicité dans le style, il m'a recom-
mandé de pardonner les injures, d'approfondir
toutes choses, enfin il m'a procuré les ouvrages
d'Épictète. Voici maintenant les maximes d'Ap-
pollonius : être prompt à se déterminer, n'écouter
jamais que la raison, conserver toujours une
humeur égale, même dans les souffrances mo-

rales et physiques les plus cruelles, recevoir les bienfaits avec reconnaissance et pourtant sans s'humilier devant ceux qui les accordent. Imitons la douceur de Sextus et son amour pour sa famille, sachons comme lui aller au devant des besoins de nos amis, écouter avec calme ceux qui parlent sans réfléchir, nous conformer à tous les caractères, ne jamais nous abandonner à la colère et aux passions ; à son exemple ne soyons pas indifférent aux éloges que nous aurons mérités, mais fuyons la flatterie, et si nous possédons quelque talent, ne soyons pas orgueilleux. J'ai remarqué que le grammairien Alexandre réprimandait toujours avec bienveillance, de peur de blesser, il corrigeait lui-même, de façon que la faute passât inaperçue des autres et que celui qui l'avait commise ne pût pas être froissé. Mon cher maître Fronton m'a fait voir toute la fourberie et la jalousie des tyrans et l'égoïsme des patriciens. Le platonicien Alexandre me disait de parler peu, mais à propos, et de ne jamais m'excuser sur le manque de temps, quand il s'agit de rendre un service. Catulus nous engage à écouter les reproches de nos amis même quand ils sont injustes, il nous apprend à être reconnaissant envers nos précepteurs, bon et affectueux pour nos enfants. Mon frère Sévérus m'a enseigné l'amour de mes semblables, de la vérité, de la justice ; grâce à lui, j'ai pu connaître Thraseas, Heloidius, Caton, Dion, Brutus ; il m'a

fait comprendre ce qu'est un État libre dont la
seule préoccupation est l'union et la fraternité de
tous les sujets, où l'égalité de tous devant la
loi est regardée comme un principe inviolable,
et dont l'unique but est la liberté de tous les
citoyens ; il était bienveillant, libéral, franc avec
ses amis au point de ne jamais leur cacher ce
qu'il pensait d'eux. Préceptes de Maximus : savoir
se commander à soi-même ; pas de défaillance,
mais au contraire du courage dans le malheur,
montrer toujours un caractère égal, doux et calme,
faire son devoir sans hésitation. Il parlait librement et sans détour, le bien était le mobile de
toutes ses actions, agir sans précipitation, sans
faiblesse, sans incertitude, sans colère, sans
arrière-pensée, être prompt à pardonner et clé-
ment envers ses ennemis, ne pas mentir, se
conduire avec droiture : voilà les conseils de
Maximus. Enfin Marc-Aurèle termine le premier
livre de ses pensées par le portrait de son père
que Capitolin nous retrace en quelques lignes :
« Erat moribus clemens, ingenio placidus et
mitis ; nulli acerbus, cunctis benignus, appetentia
gloriæ carens et ostentatione. Fuit vir forma
conspicuus, ingenio clarus, singularis eloquentiæ
nitidæ litteraturæ, et hæc omnia cum mensura
et sine jactantia. » Je rends grâces aux dieux,
dit-il en finissant, de m'avoir procuré de bons
aïeux, de bons parents, de bons maîtres, de
bons amis, aux vertus desquels je n'ai cessé de

rendre hommage et dont les leçons précieuses
et salutaires seront éternellement gravées dans
mon souvenir. Je les remercie des bienfaits dont
ils m'ont comblé, de la protection qu'ils m'ont
toujours accordée, des nobles sentiments qu'ils
m'ont inspirés ; c'est à eux que je dois tout mon
bonheur, car leur assistance ne m'a jamais fait
défaut. On nous pardonnera de nous être arrêté
aussi longtemps sur ce premier fragment de
Marc-Aurèle, mais il nous semble que, pour
arriver à moraliser les hommes et perfectionner
la société, il n'est rien de plus efficace que les
exemples et les préceptes énumérés dans ce
passage qui renferme à lui seul tout un traité
de morale et d'où s'exhale en chaque endroit le
parfum de la vertu la plus pure.

Sénèque disait (*De via*, II, 10) : « Placidus,
sapiens et æquus erroribus, non hostis sed
correptor peccantium, hoc procedit anima ; multi
mihi occurrent vino dediti, multi libidinosi, multi
ingrati, multi avari, multi furiis ambitionis agi-
tati. Omnia ista tam propitius aspiciam, quam
ægros suos medicus. » C'est dans les mêmes
termes que commence le second livre de l'empereur philosophe ; beaucoup viendront à moi, les
uns adonnés au vin, les autres au jeu, beaucoup
d'ingrats, beaucoup d'avares, beaucoup dévorés
par la soif de l'ambition. Or tous ces gens ne
s'abandonnent au vice que parce qu'ils ne savent
pas distinguer le bien du mal, *mali sunt ignora-*

tione recti et mali, selon Lactance. Pour moi, je
suis persuadé que les seuls biens sont les choses
honnêtes et les seuls maux les choses honteuses,
bona sola quæ honesta , mala tantum quæ turpia,
selon Tacite, et que celui qui m'offense est en
quelque sorte mon frère, non par le sang ou
l'origine, mais par l'esprit et notre nature
divine. Il ne doit donc pas chercher à me nuire,
et je ne peux pas non plus me laisser aller contre
lui à la colère ou à la haine, puisque nous
sommes destinés à vivre dans une étroite fraternité ; d'où je conclus que l'inimitié des
hommes entre eux est contraire à la nature,
et qu'il faut éviter l'emportement et la calomnie.
Tout vient de Dieu, continue Marc-Aurèle ; tu
dois donc mourir pénétré de reconnaissance
pour lui et l'âme tranquille. Le temps est limité ;
si tu ne l'emploies pas à mettre en paix ta conscience, il passera pour ne jamais revenir.
Souviens-toi qu'il faut avoir toujours la gravité
et la fermeté d'un Romain, aimer la liberté et
la justice, agir avec réflexion, en pleine possession de toi-même, avec franchise, sans pré-
somption et en te soumettant à la volonté du
destin. Tu vois quel est le petit nombre des
maximes que nous avons à suivre pour être
heureux ; les dieux ne nous en demandent pas
davantage.

Nous ne nous étendrons pas sur les autres
livres dont se composent les Pensées de Marc-

Aurèle aussi longuement que nous l'avons fait
sur le premier, parce que notre sujet ne nous
permet pas une telle énumération pour chacun
d'eux. Les notables réflexions qu'il contient
nous avaient engagé à les exposer en détail ;
nous nous contenterons maintenant d'apprécier
d'une façon générale les doctrines et le caractère de la philosophie de l'auteur que nous
étudions. Épictète et notre philosophe sont,
avant tout, des moralistes, et la secte à laquelle
ils appartiennent est l'école stoïcienne, mais
leur stoïcisme n'est nullement exagéré, parce
qu'ils ont eu soin de dégager de leurs croyances
tout ce qui est inutile, douteux ou obscur. Ils
partagent, sur les points principaux, les opinions des sages qui les ont précédés, et font
constamment preuve de la plus complète indé-
pendance d'esprit et de sentiment. Enfin, ils se
sont conformés aux changements qui s'étaient
accomplis dans les idées, car au siècle où ils
vécurent, elles n'étaient déjà plus les mêmes que
du temps de Pyrrhus et d'Antigonus. L'amour
s'était emparé de tous les cœurs ; les hommes
sentaient le besoin de se confier à leurs frères,
de se secourir réciproquement, de s'aimer les
uns les autres. Il semblait qu'ils eussent pris
pour devise cette maxime d'un philosophe
célèbre du XVIIIe siècle : « L'amitié est le
mariage de l'âme ; dans un pays d'athées,
l'amour ferait adorer la Divinité. » La grande

et sublime pensée de la fraternité universelle
commençait à se répandre et envahissait toutes
les consciences; que l'on prenne n'importe quel
endroit des ouvrages d'Épictète et de Marc-
Aurèle, et l'on verra facilement les changements
qui s'étaient opérés dans les esprits. Combien,
en effet, la modestie et le désintéressement du
premier, combien le dévouement et la charité
du second, diffèrent des doctrines des anciens
disciples du stoïcisme, en ce qui concerne l'âme
humaine et les rapports de l'homme avec ses
semblables! Zénon et les autres stoïciens ne
voulaient pas reconnaître l'existence de la douleur
et par suite rejetaient la pitié qu'ils considéraient
comme une lâcheté. Mais avec les deux autres
philosophes, les sentiments naturels reparais-
saient : l'un nous a laissé des enseignements
dignes du christianisme, l'autre nous a légué
un livre de morale le plus élevé peut-être après
l'Évangile. Épictète s'est appliqué à l'étude de
l'âme et de la conduite que nous avons à suivre
dans la vie. « Il est, nous dit Pascal dans les
Pensées, un des philosophes du monde qui
aient le mieux connu les devoirs de l'homme.
Il veut, avant toutes choses, qu'il regarde Dieu
comme son principal objet; qu'il soit persuadé
qu'il gouverne tout avec justice; qu'il se soumette
à lui de bon cœur, et qu'il le suive volontai-
rement en tout, comme ne faisant rien qu'avec
une très-grande sagesse; qu'ainsi cette dis-

position arrêtera toutes les plaintes et tous les murmures, et préparera son esprit à souffrir paisiblement les événements les plus fâcheux. Il montre en mille manières ce que l'homme doit faire. Il veut qu'il soit humble, qu'il cache ses bonnes résolutions, surtout dans les commencements, et qu'il les accomplisse en secret; rien ne les ruine davantage que de les produire. Il ne se lasse point de répéter que toute l'étude et le désir de l'homme doivent être de connaître la volonté de Dieu et de la suivre. Telles étaient les lumières de ce grand esprit qui a si bien connu les devoirs de l'homme : heureux s'il avait aussi connu sa faiblesse ! »

Marc-Aurèle se rapproche encore davantage des préceptes du christianisme; il est plus complet et en même temps plus facile et plus tolérant qu'Épictète. Il ne parle pas en maître comme celui-ci ; mais il s'observe lui-même avec attention, il étudie sans cesse ses actes, sa conduite, sa vie, ses passions et tous les mouvements de son cœur ; son livre est donc l'expression exacte et rigoureuse de sa pensée. Soit qu'il s'adresse à lui-même des reproches quand sa conscience est troublée, soit qu'il se donne des louanges quand son âme est tranquille, soit qu'il découvre dans sa personne une imperfection ou une nouvelle vertu : dans toutes ces circonstances, il peut servir de guide et de modèle à n'importe quel homme de tout âge et de toute condition, car on puisera chez lui les plus saines leçons, les meilleurs conseils, et comme le disaient les anciens disciples du Portique, des provisions pour le pénible voyage de la vie. Les deux points principaux de la philosophie de l'empereur romain, ceux qui font l'objet de tous ses soins et occupent constamment son esprit, sont la connaissance de soi-même et la règle de sa conduite. Il représente le monde comme un être vivant, formé de diverses parties et doué d'une âme qui les anime et les fait mouvoir. L'univers est gouverné, selon lui, par une puissance divine ; il croit donc à la divinité, mais pour lui il existe plusieurs Dieux qui ont des corps et que nous pouvons facilement nous figurer ; entre autres le soleil, la lune et les astres qui brillent au ciel. Il parle beaucoup de la Providence, ainsi que les stoïciens qui l'avaient précédé, et résume en deux mots la base fondamentale de toutes nos actions : se soumettre à la volonté divine et se résigner au sort qui nous est assigné par le destin. D'après Marc-Aurèle, tout s'enchaîne, tout s'explique, tous les événements prennent leur source dans la nature. Des lois invincibles régissent le monde intellectuel comme le monde physique : tout ce qui arrive était prévu et s'accomplit nécessairement et avec équité ; car celui qui est la cause première de toutes choses est puissant et juste, il attribue à chaque individu la part qui lui revient des biens et des maux. Nous ne devons donc jamais nous livrer à l'abattement, et toutes les fois qu'un événement quelconque nous survient, nous devons le supporter avec courage s'il est fâcheux, et l'accepter avec reconnaissance s'il est heureux. Malgré la fermeté de ses principes, le philosophe romain semble parfois se laisser aller au doute, et l'on trouve dans son ouvrage quelques endroits où le hasard remplace pour un moment la divinité dans la direction des choses humaines. Mais il ne faut pas conclure de là qu'il méconnaît l'action de Dieu ; ce sont des réflexions qu'il se fait à lui-même, des idées qui lui viennent à l'esprit et qu'il discute. Du reste il est impossible de se tromper sur ses opinions véritables, et à chaque pas, dans son livre, on trouve des preuves évidentes de sa croyance.

Suivant lui et tous les philosophes anciens et modernes, l'homme est formé de deux parties bien distinctes : le corps et l'âme. Nous ne nous occuperons pas de la première, parce qu'elle n'est, comme nous l'avons déjà dit, que l'instrument des volontés de l'autre ; mais nous demanderons à nos lecteurs la permission de nous livrer sur la seconde partie à une petite dissertation dans laquelle nous nous efforcerons d'analyser, d'exposer et de résumer ce sujet important. L'âme est composée de trois facultés :

la sensibilité, l'intelligence et la volonté que nous définirons, et dont ensuite nous ferons voir les rapports et les différences. Ces trois parties peuvent se réunir l'une à l'autre et ne former qu'un tout, et c'est précisément ce tout que nous appelons âme. La sensibilité est le pouvoir de sentir et de désirer ; l'intelligence, le pouvoir de concevoir, juger, raisonner, se souvenir et imaginer ; la volonté, le pouvoir de s'efforcer et de se déterminer. Voyons maintenant dans quel ordre on peut classer ces trois facultés, et si elles peuvent exister l'une sans l'autre. A notre sens, l'intelligence devrait occuper la première place, parce qu'il est impossible de sentir et de désirer si l'on ne conçoit pas ; de s'efforcer et de se déterminer, si l'on ne juge et ne raisonne. La sensibilité aurait la seconde, car c'est seulement parce qu'on sent et désire une chose, que l'on veut acquérir cette chose, que par suite on s'efforce par tous les moyens possibles de l'obtenir, enfin qu'on se détermine à l'avoir. Nous laisserions la troisième place à la volonté, parce que pour vouloir il faut d'abord comprendre ce que l'on veut, en sentir la nécessité, en examiner et peser les inconvénients et les avantages. Quant aux deux dernières facultés de l'intelligence : se souvenir et imaginer, elles se rattachent aussi à la sensibilité ; car de même qu'il est indispensable de comprendre pour imaginer et se souvenir, de même aussi la sensibilité peut produire ces; deux facultés.

L'intelligence est donc, comme nous venons de le voir, la plus importante des trois facultés de l'âme, et indispensable par rapport aux deux autres. La volonté n'existe pas sans la sensibilité, car il est évident que quand on veut, on fait plus que de sentir et de désirer; la sensibilité, au contraire, existe sans la volonté, parce qu'on peut se borner à sentir et même à désirer une chose, sans pour cela la vouloir à tout prix. La sensibilité et la volonté ne peuvent se passer de l'intelligence, car pour sentir et vouloir, il faut concevoir; au lieu qu'il est possible à l'intelligence d'exister sans la sensibilité et la volonté, parce qu'il n'est pas besoin pour concevoir de sentir et de vouloir. Ces trois facultés se relient entre elles, attendu qu'elles sont le complément utile l'une de l'autre; ainsi, quoique l'intelligence puisse se passer de la sensibilité et de la volonté, il n'en est pas moins vrai que ces dernières perfectionnent l'autre, en tant qu'elles sentent et désirent le vrai, qu'elles s'efforcent et se déterminent pour le bien. Elles diffèrent aussi, quand on ne considère que leur signification propre, comme sentir diffère de concevoir et de vouloir; mais réunies, elles constituent un tout qui est l'âme, et séparées elles sont les trois formes de son activité.

Revenons maintenant à Marc-Aurèle : nous

l'avons considéré jusqu'ici comme stoïcien , et
ses admirables doctrines sont partagées par les
plus grands philosophes, Épictète, Sénèque,
Cicéron, etc. Il admet aussi les préceptes des
péripatéticiens, notamment de Théophraste avec
lequel il pense que les défauts, les vices et les
crimes doivent être appréciés selon leur nature
et leur gravité, et selon les circonstances dans
lesquelles ils ont été commis. Par exemple, il
fait une différence entre les plaisirs déréglés et
la colère. En effet , suivant lui, celui qui s'abandonne à l'ivresse , au jeu , à la débauche, est
plus coupable que celui qui se livre à l'emportement; car le premier est guidé par une passion
vicieuse, il trouve de la jouissance et du contentement dans ses instincts pervers et ses
habitudes dépravées , au lieu que le second
agit avec précipitation et cède à un mouvement
irréfléchi et spontané. Voilà l'une des différences
caractéristiques qui distinguent la philosophie
des péripatéticiens de celle des stoïciens. Ceux-
ci ne voyaient pas de degré dans la vertu et
jugeaient avec la même sévérité tout homme qui
s'en éloignait, sans considérer la gravité de la
faute. Nous avons déjà dit que la secte à laquelle
appartient notre philosophe est le stoïcisme, mais
il ne l'admet pas dans toute sa rigueur. Ainsi,
les stoïciens considéraient la pitié comme ridicule et même blâmable, et regardaient les personnes qui éprouvaient ce sentiment comme

atteintes de folie ou se livrant à un acte condamnable et répréhensible. Marc-Aurèle ne partage pas leur avis sur ce point; il pense que tous les mouvements de l'âme doivent être respectés, surtout lorsqu'ils sont produits par un élan généreux et que, comme la pitié, ils ont pour but le soulagement de nos frères. Il va plus loin encore, car il dit que les méchants sont à plaindre et susceptibles de notre compassion, à cause de l'impuissance où ils sont de distinguer le vice de la vertu.

Son ouvrage est rempli de réflexions morales dignes des plus grands écrivains de l'antiquité païenne et que l'Évangile lui-même ne désavouerait pas. Mentionnons les plus remarquables : éloigner toute pensée du mal, détruire le vice jusque dans ses racines les plus profondes, ne pas parler sans besoin, se livrer avec soin et avant tout à perfectionner son âme et la rapprocher le plus possible de l'image de la Divinité, souffrir les injures avec patience, avertir les autres quand ils se trompent, les réprimander, si cela est nécessaire, mais avec ménagement et sans les blesser, faire sans hésiter le sacrifice de ce qui nous est le plus précieux, de notre vie même, aussitôt que le devoir le demande. Les fondements principaux de sa philosophie consistent dans une préoccupation constante du bonheur d'autrui, dans une continuelle surveillance de sa conduite, dans une recherche assidue des moyens de développer en lui l'amitié , la justice et la fraternité envers les autres.

Et cependant, malgré son amour pour l'humanité, comment expliquer sa sévérité et même ses cruautés à l'égard des disciples du christianisme? On ne peut, comme nous le disions en faisant sa biographie , les attribuer qu'à son ignorance absolue des dogmes chrétiens , aux mensonges et aux calomnies de quelques vils flatteurs qui accusaient de révolte et de trahison des sujets qu'il aurait dû plutôt protéger comme des frères et dont le seul crime était de vouloir rester fidèles à Jésus-Christ. Mais ni lui ni les chrétiens n'avaient connaissance de cette liaison secrète, de cette communauté d'idées et de sentiments qui était entre eux; et l'on découvrit, après la mort du persécuteur, cette union intime jusqu'alors inconnue et qui pourtant existait réellement. Ses victimes se trompèrent sur ses opinions et sur son but véritable, tant que ses pensées ne furent pas publiées : on le jugeait d'après sa politique, on ignorait le fond de son cœur, les regards ne pouvaient pénétrer jusqu'à son âme, on le considérait comme un philosophe ordinaire et l'esclave du stoïcisme dans toute sa rigueur.

Comme élève des stoïciens, il ne partageait pas seulement leurs doctrines, il pratiquait encore depuis sa jeunesse leurs habitudes sévères et observait leurs austérités; à leur exemple, il

portait le manteau grec et couchait sur la terre,
et ce ne fut qu'aux sollicitations réitérées de sa
mère qu'il se décida à coucher sur un lit, couvert
d'une simple peau. Il abandonna de bonne heure
la chasse, les exercices du corps et tous les
plaisirs ; il se consacra uniquement à l'étude, à
la réflexion et ne s'occupa plus que de la tâche
immense qu'il avait à remplir. Aucun empereur
ne fut plus dévoué pour le bien public, aucun
ne montra plus de zèle et de désintéressement
quand il s'agit de secourir ses semblables. Du
reste, son existence ne fut qu'une longue suite
d'épreuves ; de nombreuses séditions troublèrent
son règne, la peste ravagea son empire à diffé-
rentes reprises, il fut constamment en guerre
avec les barbares, enfin ses dernières années
furent agitées par la crainte que les peuples du
Nord ne dévastassent Rome et l'Italie. Alors,
voyant la fatalité sans cesse attachée à ses pas,
il eut l'idée de s'adresser à sa conscience pour
y chercher une consolation, de combattre par la
vertu la décadence qui menaçait d'envahir son
siècle. Plus l'épuisement s'emparait de son corps
et plus son âme se fortifiait ; le malheur ne faisait
qu'augmenter et accroître son courage, et quand
il voyait ses projets échouer et ses espérances
détruites, il demeurait impassible et ferme, ac-
ceptant l'infortune avec une résignation sur-
naturelle. Ce fut donc dans ces douloureuses
circonstances qu'il écrivit ses pensées, et il est

facile de reconnaître que son livre se ressent des souffrances physiques et morales auxquelles il était en proie, car, à chaque instant, on y respire la tristesse et la mélancolie.

Nous terminerons cette étude philosophique par une citation dans laquelle un célèbre auteur contemporain, M. Villemain, expose d'une façon remarquable la supériorité du stoïcisme des Antonins comparé à celui des autres philosophes de la même école : « Fondé sur le mépris de la douleur, du plaisir et de la pitié, l'ancienne philosophie stoïque voulait détruire la nature plutôt que la régler. Elle avait interdit toutes les émotions de l'âme, elle niait la douleur physique, elle rougissait de la pitié, cette douleur de l'âme, ce contre-coup du mal des autres, que Dieu nous a donné pour nous forcer de les secourir. En établissant qu'il n'y avait pas de degré dans les fautes, et que toute faiblesse était un crime, elle faisait violence à la raison comme au cœur de l'homme. De là, sans doute, devaient sortir des âmes invulnérables ; et, lorsque le génie républicain fut menacé par le glaive d'un dictateur, lorsque tout cédait à la gloire de César, ou que tout rampait sous Tibère, on conçoit que ces âmes aient donné de grands spectacles au monde ; mais enfin leur vertu n'était que le courage de mourir ; leur philosophie autorisait le meurtre, et se réfugiait dans le suicide. Brutus et Caton, au milieu de leur âpre patriotisme, ne laissent rien voir de cet amour de l'humanité qui respire dans l'austérité des Antonins. La source même de leurs maximes est différente, leurs vertus moins désintéressées; ils ne sont que de grands hommes, ils ont besoin de la gloire. Le stoïcisme des Antonins, au contraire, est nourri de cette tendre compassion, de cette justice indulgente, de cette affection cosmopolite, qui respiraient dans la loi chrétienne. » Il ne nous reste plus qu'à admirer encore une fois quelle source intarissable de vérités et de vertus, quelle noblesse de sentiments, quelle élévation de pensées nous offrent la vie et les ouvrages du grand et profond philosophe! Et à la vue de la pureté de ses exemples, de la sagesse de ses conseils, quand nous considérons tout le profit qu'il est possible d'en tirer pour notre perfection intellectuelle et notre édification morale, nous ne pouvons nous empêcher de nous écrier: Quel avantage immense pour la société, si l'on jetait dans l'âme des jeunes gens les précieux germes de Marc-Aurèle!

TROISIÈME PARTIE.

BIOGRAPHIE DE FÉNELON.

Fénelon, François de Salignac de Lamothe, l'un des plus beaux génies que la France ait produits et l'un des hommes qui ont le plus honoré le clergé français, naquit le 6 août 1651, au château de Fénelon, près de Sarlat (Dordogne). Il fit de rapides et brillantes études littéraires et grandit au milieu des auteurs classiques de la Grèce et de Rome. Le marquis de Fénelon, son oncle, observant son génie philosophique et devinant sa vocation religieuse, le fit venir à Paris pour suivre les cours de philosophie et de théologie. Comme Bossuet, il prêcha avec éclat à l'âge de quinze ans devant un auditoire nombreux, mais moins illustre. Il fit ses études ecclésiastiques au séminaire de St-Sulpice, où il ne tarda pas à s'attirer l'affection de tous et principalement du supérieur, et il y fut ordonné prêtre. Plein alors d'un saint enthousiasme, il conçut le projet de se vouer aux missions du Nouveau-Monde, mais il en fut empêché par les craintes qu'inspirait à sa famille sa faible santé. « Il tourna bientôt, dit M. Villemain, ses regards vers les missions du Levant, vers la Grèce, où le profane et le sacré, où saint Paul et Socrate, où l'Église de Corinthe, le Parthénon, le Parnasse appelaient son imagination poétique et religieuse. Enchanté par les souvenirs d'Athènes, il s'indignait à la pensée que cette patrie des lettres et de la gloire fût la proie des barbares. Quand verrai-je, s'écriait-il, le sang des Perses se mêler à celui des Turcs dans les champs de Marathon, pour laisser la Grèce entière à la religion, à la philosophie et aux beaux-arts, qui la réclament comme leur patrie. » Mais comme la première fois, il fut encore détourné de son second dessein par les représentations de ses parents et de ses amis, et il se livra pendant dix ans à l'instruction de ses nouvelles catholiques. Ce fut à cette époque, en 1687, qu'il composa son premier ouvrage, le Traité de l'éducation des filles, rempli de conseils utiles et de cette morale douce qui faisait le fond de son caractère.

Malgré ses modestes fonctions, Fénelon entretenait déjà avec les ducs de Beauvilliers et de Chevreuse une intimité qui ne se démentit jamais et que rien ne put briser. Pendant qu'il fut lié avec Bossuet, il observa sa manière de penser et d'agir attentivement, et ce fut la fréquentation de ce grand homme et l'étude approfondie de ses opinions qui lui inspirèrent son

Traité du ministère des pasteurs, dans lequel il combat aussi les hérétiques, mais avec moins de violence que son maître. Sur la recommandation de celui-ci, le roi Louis XIV le chargea d'une mission dans le Poitou, encore troublé par la révocation de l'édit de Nantes. Le grand roi voulant abolir le protestantisme en France et établir dans tout son royaume l'uniformité religieuse, les protestants refusaient souvent de se soumettre à la foi qui leur était imposée, et le monarque était obligé de faire accompagner ses missionnaires par des soldats qui étaient ordinairement des dragons, d'où vient le nom de Dragonnades donné à ces conversions forcées. Fénelon refusa l'appui des troupes, et assisté seulement de quelques-uns de ses collègues, il fit plus de conversions par sa parole douce et persuasive que l'autorité militaire par la contrainte et la violence. Cet heureux résultat et les sollicitations de Mme de Maintenon engagèrent Louis XIV à confier l'éducation de son petit-fils, le duc de Bourgogne, au savant prêtre qui fut nommé précepteur, tandis que le duc de Beauvilliers était gouverneur du prince (1689). Pénétrés alors de la grande et difficile fonction dont ils étaient investis, encouragés par l'espoir de voir un jour leur élève sur le trône de France et désireux que leurs conseils contribuassent au bonheur de son peuple, ils s'appliquèrent de tout leur pouvoir à combattre ses imperfections naturelles et l'ambition que lui inspiraient sa naissance et son avenir. Enfin, grâce à leur vigilance et leur dévouement, ils triomphèrent des défauts du royal enfant et en firent un homme vertueux et vraiment digne de commander aux autres.

A la Cour, l'esprit vif et brillant de Fénelon, sa conversation charmante et pleine de distinction, ses manières gracieuses et polies provoquaient le respect et l'admiration. Son intelligence et son génie se révélaient à chaque instant et étaient encore embellis par sa noblesse et sa grâce. Ce fut du reste sur ces deux points principaux que porta son éloge au moment de sa réception à l'Académie française, et, quelque temps après, La Bruyère le définissait à peu près dans les mêmes termes : « On sent la force et l'ascendant de ce rare esprit, soit qu'il prêche de génie et sans préparation, soit qu'il prononce un discours étudié et oratoire, soit qu'il explique ses pensées dans la conversation ; toujours maître de l'oreille et du cœur de ceux qui l'écoutent, il ne leur permet pas d'envier ni tant d'élévation, ni tant de facilité, de délicatesse, de politesse. »

Pour l'éducation du duc de Bourgogne dont il était chargé, Fénelon composa plusieurs petits ouvrages, des Fables, des Historiettes et ses Dialogues des morts écrits pour la plupart avec beaucoup de simplicité. Il y traite des questions

de politique, de morale, de philosophie; il y fait
entrer de grands personnages, mais on voit que
le ton de ces dialogues est gradué suivant le
degré de développement de l'intelligence du
prince à l'instruction duquel ils devaient servir.
Les plus célèbres sont ceux dans lesquels il fait
parler Démocrite et Héraclite, Louis XI et le
cardinal Balue, le connétable de Bourbon et
Bayard, Charles-Quint et un jeune moine de
St-Just. C'est aussi dans le même but qu'il fit
son Télémaque, le plus bel ouvrage, a-t-on dit,
que la vertu ait inspiré au génie; les pensées, le
style, les sentiments religieux, tout s'y trouve
dans une admirable harmonie; cette œuvre, qui
vivra autant que la langue française, est un des
plus beaux monuments et l'une des plus grandes
gloires de notre littérature. L'illustre précepteur
passa cinq années à la Cour pour instruire son
élève, avec le plus louable désintéressement, ne
demandant aucune gratification, ne sollicitant
aucune faveur. Mais le roi, pour le récompenser
du zèle et du talent qu'il avait déployés à l'égard
de son petit-fils, le nomma en 1694 archevêque
de Cambrai (Nord). A la différence de la plupart des prélats qui fréquentaient la Cour et
passaient leur vie loin de leurs diocèses, il resta
toujours dans le sien, qu'il édifia par la pureté
de sa morale et par une admirable bienfaisance.
Sa réputation s'étendit au-delà des limites de la
France, et quand les Impériaux firent la guerre en

Flandre, ils épargnèrent à cause de lui la terre de l'archevêché.

Malheureusement la faveur royale dont Fénelon venait d'être gratifié fut bientôt suivie d'une funeste disgrâce survenue entre lui et Bossuet à propos d'une querelle religieuse connue sous le nom de Quiétisme et qui se produisit dans les circonstances suivantes. Le Cygne de Cambrai, d'une piété naturellement ardente et tendre, avait remarqué depuis longtemps que ses opinions étaient partagées par une femme dévote jusqu'au fanatisme, Mme Guyon, et douée néanmoins d'une éloquence et d'un talent qui avaient séduit et subjugué plusieurs grands personnages de l'époque. Elle avait écrit et exposé sur la grâce et sur le pur amour de Dieu des théories exagérées à la suite desquelles elle fut persécutée, puis arrêtée. Ensuite on la relâcha, les ducs de Chevreuse et de Beauvilliers la protégèrent, Mme de Maintenon la reçut chez elle, on lui ouvrit même les portes de Saint-Cyr; mais l'Aigle de Meaux ayant conçu sur elle quelques soupçons et son austérité s'étant émue de ses doctrines passionnées, elle fut de nouveau arrêtée, jugée et condamnée. Le nouvel archevêque qui s'était livré à cet enthousiasme religieux fut pressé par Bossuet de désavouer les principes de Mme Guyon. Il ne voulut pas sacrifier des idées qui lui étaient chères, et continua de défendre cette femme dont il était l'ami, et à laquelle on ne pouvait reprocher qu'un amour excessif pour la religion et pour Dieu. Il exalta même ces sentiments, mais indirectement, dans un livre célèbre, les *Maximes des Saints sur la Vie intérieure,* publié en 1697 et qui causa sa perte. Cet ouvrage provoqua d'abord l'étonnement, puis le blâme de tous ses rivaux, jaloux de sa gloire et de son talent; l'évêque de Meaux craignant pour la religion, le dénonça à Louis XIV et demanda une réparation éclatante.

Au milieu de ces démêlés et de ces épreuves, Fénelon eut encore à subir de nouveaux malheurs; son palais archiépiscopal ayant été brûlé, il perdit tous ses livres, ses manuscrits, ses papiers. Pas une plainte, pas un mot de désespoir ne sortit de sa bouche, au contraire il prononça ces douces et sublimes paroles : « Il vaut mieux que le feu ait pris à ma maison qu'à la chaumière d'un pauvre laboureur. » Cependant il eut recours à la justice du Saint-Siége, et une polémique remarquable s'engagea entre les deux illustres prélats. « Les attaques et les réponses, dit un biographe, se multiplièrent avec un égal talent, et plus tard Bossuet, comparant les mauvaises nuits que Turenne fit passer au roi d'Espagne, aux longues veilles que lui coûtait la réfutation des apologies de Fénelon, avouait qu'un jour de travail de son adversaire le condamnait lui-même à plusieurs semaines d'étude. » Ayant refusé une conférence qui lui était offerte par l'évêque de Meaux, délaissé par son amie, Mme de Maintenon, regretté du duc de Bourgogne, l'archevêque de Cambrai reçut l'ordre de quitter la Cour et de se retirer dans son diocèse ; alors ses ennemis dirigèrent leurs attaques contre le duc de Beauvilliers, qui ne dut son salut qu'à sa vertu.

Cependant le pape Innocent VIII hésitait à condamner un homme d'une telle valeur ; aussi ces doutes et ces incertitudes qui lui font honneur permirent-ils aux deux rivaux de déployer tout leur génie. L'accusateur, dans une spirituelle et mordante critique du Quiétisme, voulut rejeter sur l'accusé le ridicule de Mme Guyon ; son neveu, l'abbé Bossuet, allant encore au-delà dans ses calomnies, essaya d'attaquer la pureté du chaste prélat. Celui-ci s'éleva dans sa justification à une hauteur d'éloquence incomparable et flétrit dans une superbe et sainte indignation les infamies dont il était victime. Enfin ce ne fut qu'à force de cabales et même de menaces que le souverain pontife se décida à prononcer une condamnation dont les formes et les termes furent ménagés par respect pour la dignité et la grandeur d'âme du condamné. Sa longue et courageuse défense et la répulsion du pape à se déclarer contre Fénelon, achevèrent de lui faire perdre à la Cour tout son crédit. Les doctrines de Bossuet triomphaient donc, mais son vertueux et savant adversaire donna un admirable exemple de

docilité et de soumission aux décisions de l'Église.
Il publia lui-même (1699) un mandement pour
désavouer son livre, de sorte qu'on blâma le zèle
outré de l'un et l'on admira l'humilité de l'autre.
On verra par la citation suivante avec quelle
vénération il accueillit l'arrêt de la Cour de Rome :
« Nous adhérons à ce bref, disait-il, mes très-
chers frères, simplement, absolument, et sans
ombre de restriction... Nous nous consolerons
de ce qui nous humilie, pourvu que le ministère
de la parole que nous avons reçue du Seigneur
pour votre sanctification n'en soit pas affaibli...
C'est donc de tout notre cœur que nous vous
exhortons à une soumission sincère et à une
docilité sans réserve, de peur qu'on n'altère
insensiblement la simplicité de l'obéissance pour
le Saint Siége, dont nous voulons, moyennant
la grâce de Dieu, vous donner l'exemple jusqu'au
dernier soupir de notre vie. »

Une circonstance imprévue vint alors mettre
le comble à sa disgrâce et souleva de nouveau
contre lui le ressentiment de Louis XIV. Le
Télémaque écrit quelques années plus tôt, au
moment où l'auteur jouissait de la faveur royale,
fut publié peu de temps après la querelle sur
le Quiétisme, par un secrétaire infidèle. Ce livre
célèbre, dans lequel certains médisants virent
une critique du gouvernement, fut interdit en
France, imprimé en Hollande et répandu dans
l'Europe entière envieuse du prestige et de la

puissance du Roi. Celui-ci, jaloux du talent et de la renommée de l'archevêque, dont il n'avait jamais partagé les idées politiques et qu'il traitait de bel esprit chimérique, profita de cette nouvelle occasion pour l'accabler de reproches les plus injustes et d'outrages les plus sanglants, n'écoutant que sa colère et considérant le succès obtenu par son ouvrage comme une offense personnelle et un défi porté à sa réputation et à sa gloire.

« La sainteté des anciens évêques, la sévérité de la primitive église, la douceur de la plus indulgente vertu, le charme de la plus séduisante politesse, l'empressement à remplir les devoirs les plus humbles du saint ministère, une infatigable bonté, une inépuisable charité, voilà sous quels traits Fénelon est dépeint par M. Villemain. » Durant tout son épiscopat et surtout dans les quinze dernières années de son existence, le bonheur et la sanctification des fidèles de son diocèse furent l'objet de ses constantes préoccupations. Il partageait son temps entre le catéchisme des petits enfants, l'éducation des élèves de son séminaire et les prédications dans la chaire de son église, où les trésors de son cœur et l'ardeur de sa foi se révélaient dans tout leur naturel et en même temps dans toute leur force. Un grand événement lui permit de faire briller encore une fois son génie du plus vif éclat ; le sermon qu'il prononça dans la cathédrale de

Lille, à l'occasion du sacre de l'archevêque de Cologne, est regardé comme un véritable chef-d'œuvre d'art oratoire et l'un des discours les plus remarquables que la religion chrétienne ait inspiré à l'éloquence.

Son dévouement et ses hautes vertus se manifestèrent dans toute leur sublimité pendant le terrible hiver de 1709 et la funeste campagne de Flandre de 1711. Il sacrifia tout ce qu'il possédait pour secourir les Flamands dévastés et ruinés par la guerre et la famine; il visitait les hôpitaux, soignait les malades, pansait les blessés, administrait les mourants et prodiguait à tous les plus grands soulagements et les plus douces consolations. Cette abnégation et l'empire qu'exerçaient sur les généraux ennemis sa piété, la supériorité de ses talents et les charmes de son esprit procurèrent aux malheureuses populations flamandes un adoucissement que sans lui elles n'auraient certainement pas goûté. Cet ami sincère, cette âme sensible et charitable eut avant de mourir la suprême douleur de perdre tous ceux qui lui étaient chers et dévoués : le duc de Bourgogne, son élève, qu'il aimait tant et dont il était tant aimé, mort à vingt-neuf ans ; le duc de Beauvilliers et le duc de Chevreuse, dépositaires de tous ses secrets et confidents de toutes ses peines. Enfin un accident, dont il fut victime pendant une visite dans son diocèse, lui apporta la paix éternelle qu'il désirait depuis longtemps :

il mourut à soixante-quatre ans, le 7 janvier
1715, peu de temps avant le grand roi. Ainsi finit
cette belle existence, féconde en ouvrages im-
mortels et en actions généreuses.

Nous compléterons cette biographie par un
portrait d'autant plus flatteur pour Fénelon, qu'il
émane d'un critique sévère, Saint-Simon : « Ce
prélat, dit-il, était un grand homme maigre, bien
fait, avec un grand nez, des yeux dont le feu et
l'esprit sortaient comme un torrent, et une physionomie telle que je n'en ai vu aucune qui
y ressemblât, et qui ne se pouvait oublier quand
on ne l'aurait vue qu'une fois. Elle rassemblait
tout, et les contraires ne s'y combattaient pas.
Elle avait de la gravité et de la grâce, du sérieux
et de la gaîté. Elle sentait également le docteur,
l'évêque et le grand seigneur. Ce qui y surna-
geait, ainsi que dans toute sa personne, c'était
la finesse, l'esprit, les grâces, la décence et surtout la noblesse. Il fallait faire un effort pour
cesser de le regarder. Tous ses portraits sont
parlants, sans toutefois avoir pu attraper la
justesse de l'harmonie qui frappait dans l'original, et la délicatesse de chaque caractère que ce
visage rassemblait. »

PHILOSOPHIE DE FÉNELON.

Pour les deux premiers philosophes dont nous avons étudié précédemment les doctrines, la vie n'est qu'une longue suite d'idées et de méditations ; il en est de même aussi pour le troisième, et le grand nombre de livres remarquables sortis de son génie en est une preuve évidente. Fénelon a donc, comme Socrate et Marc-Aurèle, vécu pour penser, et nous pouvons, à propos de lui comme des deux autres, répéter encore notre devise : *Vita est in mente.* Avant d'aborder directement sa philosophie, il ne serait peut-être pas inutile, puisque le mot « pensée » forme le fondement principal de notre travail, de nous y arrêter un moment pour le définir et le commenter. La pensée est la faculté qui permet à l'homme de se représenter certains objets en leur absence ou d'en créer de nouveaux. Elle se manifeste en nous sous deux formes bien distinctes : l'une consiste à se faire une idée des choses qu'on a déjà vues ou entendues, et correspond à la mémoire ; l'autre consiste à trouver des choses qui n'existent pas, et correspond à l'invention. La première ressemble à la seconde, parce que celui qui a remarqué un objet et celui qui a créé d'après un idéal conçu par sa raison,

se représentent tous les deux ce qu'ils ont vu
ou inventé ; ils croient avoir devant les yeux ce
qui n'est présent qu'à leur esprit. Par la
différence, je dirai que la mémoire suppose l'idée
de se souvenir, et l'invention l'idée de produire.
Mais inventer ne consiste pas toujours à créer
quelque chose de nouveau ou d'impossible ; on
peut encore se figurer des choses qui existent
réellement et que l'on ne connaît pas. Prenons
pour exemple un homme qui ait entendu parler
d'une grande ville ; dès lors il lui semblera voir
de larges et belles rues, des monuments magnifiques et autres merveilles de ce genre. Aussi
fera-t-il un travail d'invention moins difficile
sans doute que le premier, mais qui n'en sera
pas moins un, car il ne verra cette cité que dans
sa pensée ; d'où je conclus que cette action de
se représenter un objet absent est comme un in-
termédiaire entre la première et la seconde manière d'imaginer.

Mais de ce que les mots mémoire, invention,
se trouvent compris tous les deux dans la pensée,
il ne s'ensuit pas qu'il faille dire que l'une ne
peut exister sans l'autre. Il est possible de posséder celle-ci sans avoir celle-là, et réciproquement, mais il faut bien se garder d'imiter ou
de confondre avec les hommes de génie certains
autres hommes qui ont lu beaucoup et possèdent
plus de mémoire que d'invention ; ils se contentent de répéter sous des formes souvent dif-

férentes et quelquefois les mêmes, des pensées prises dans tels ou tels auteurs et qu'ils entre-mêlent de lieux communs ou de phrases toutes faites et usées. Ce sont des échos qui, pour la plupart, ne comprennent pas ce qu'ils écrivent ; ils ne font pas une œuvre d'invention, mais de mémoire. Il est bon de développer sa mémoire, surtout quand on n'a pas une grande force d'imagination ; car de ces deux qualités, la pre-mière est certainement la plus importante, au point de vue des rapports que nous avons chaque jour les uns avec les autres, et pour orner notre intelligence de connaissances ; tandis que la seconde, si on veut l'avoir à un degré assez élevé, est très-difficile à acquérir, à moins que l'on ne soit doué d'un talent véritablement remarquable. Aussi doit-on donner plus de soin à la mémoire qu'à l'invention.

Nous allons à présent méditer la philosophie de Fénelon, en résumant et analysant successi-vement chacun de ses principaux ouvrages, de façon à voir quel profit il est possible d'en tirer pour notre édification morale. Son premier livre est le *Traité de l'éducation des filles*, dans lequel il fait remonter ses instructions au début même de la vie, à la jeunesse la plus tendre. Il parle d'abord aux parents, aux instituteurs, aux in-stitutrices, et leur donne quelques conseils sur la manière d'élever leurs enfants ou leurs élèves. Ensuite il s'adresse directement à ceux-ci ; son premier soin est de prévenir les défauts et les vices naturels, après quoi il s'efforce de former leur cœur et d'élever leur âme vers le bien, et fait reposer toutes ses théories d'éducation sur la religion, seule base de la famille et de la société. Pour instruire les enfants, il a recours à tout ce qui est capable d'attirer leur attention ; il leur raconte des histoires qui en même temps les amusent et leur apprennent quelque chose. Puis il indique le moyen de leur faire connaitre et comprendre les vérités les plus simples et les plus essentielles : c'est une véritable conviction qu'il veut leur inspirer, et comme il le dit lui-même, ce n'est pas en jetant un enfant dans des subtilités de philosophie, qu'on parvient à obtenir cette vraie persuasion. L'auteur leur apprend à distinguer l'esprit et le corps, il leur parle des qualités morales, de l'immortalité de l'âme, des châtiments et des récompenses de la vie future, avec naturel et simplicité, cherchant toujours à frapper leur imagination par des objets et des images sensibles. Il recommande de donner aux femmes de même qu'aux hommes, en ce qui concerne la religion, l'éducation la plus sérieuse, sans cependant se laisser aller au fanatisme. Il explique dans tout son entier la doctrine de l'Église catholique et tout ce qui se rapporte aux sacrements et cérémonies religieuses, et cela d'une façon si claire et si précise, que les hommes eux-mêmes, comme les enfants, en suivant avec attention ses enseignements, pourraient se considérer comme suffisamment instruits des vérités fondamentales de la religion, sans chercher ailleurs des théories plus compliquées qui souvent ne font que jeter dans l'esprit le doute et l'obscurité.

L'auteur est d'avis de ne pas priver les femmes d'éducation, il les engage à cultiver leur intelligence, à s'éclairer sur leurs devoirs, afin de s'en pénétrer et de les accomplir au gré de la nature. Par sa douceur et ses charmes naturels, la femme contribue, selon lui, à maintenir dans le foyer domestique la paix et le bonheur ; elle doit y développer les idées d'ordre et d'économie ; inspirer comme mère à ses enfants l'amour de Dieu, répandre dans leurs jeunes cœurs la première instruction religieuse dont le souvenir ne s'efface jamais ; ranimer comme épouse, par ses douces exhortations et ses sages conseils, le courage et l'espoir dans l'âme de son époux, quand les revers et l'infortune se sont abattus sur la maison conjugale. La femme doit enfin par la soumission et par ses manières affables et affectueuses adoucir le caractère souvent dominateur et emporté de l'homme ; ces devoirs, ajoute Fénelon, sont les fondements de la vie humaine. Le monde n'est point un fantôme ; c'est l'assemblage de toutes les familles. Eh ! qui est-ce qui peut le policer avec un soin plus exact que les femmes ? Il voudrait qu'il y eût dans leur éducation un juste milieu, c'est-à-dire que la modestie les fît s'abstenir de connaissances superflues ou inutiles pour elles, et que cependant elles ne fussent pas indifférentes au noble désir d'apprendre. Aussi conseille-t-il à celles qui sont douées d'une intelligence supérieure de conserver même sur la science la pudeur convenable à leur sexe. Il leur interdit complètement les romans, parce que cette lecture leur fausse l'esprit et le cœur, en leur faisant voir des choses purement imaginaires et fantaisistes, et la jeune fille qui a la tête remplie de ces aventures galantes et plus ou moins prodigieuses est toute surprise et désabusée, quand elle entre dans la société, de n'y pas voir ces personnages fabuleux dépeints dans les histoires qu'elle a lues.

Abordant ensuite la question d'ordinaire si importante pour les femmes, la parure et la toilette, notre moraliste nous montre que loin de les embellir et de rehausser l'éclat de leur fraîcheur et les agréments naturels que la Providence a pu leur donner, la recherche et même le ridicule qui souvent accompagnent leurs modes, contribuent plutôt à leur faire perdre leurs avantages extérieurs, à faire ressortir leurs imperfections physiques. Voici en quels termes il s'exprime : « Ne craignez rien tant que la vanité dans les filles. Elles naissent avec un désir violent de plaire : les chemins qui conduisent les hommes à l'autorité et à la gloire leur étant fermés, elles tâchent de se dédommager par les agréments de l'esprit et du corps ; de là vient leur conversation douce et insinuante ; de là vient qu'elles aspirent tant à la beauté et à toutes les grâces extérieures, et qu'elles sont si passionnées pour les ajustements. Ce faste ruine les familles, et la ruine des familles entraîne la corruption des mœurs... Je voudrais faire voir aux jeunes filles la noble simplicité qui paraît dans les statues et dans les autres figures qui nous restent des femmes grecques ou romaines ; elles y verraient combien des cheveux noués négligemment par derrière, et des draperies pleines et flottantes à longs plis, sont agréables et majestueuses. Je sais bien qu'il ne faut pas souhaiter qu'elles prennent l'extérieur antique ; il y aurait de l'extravagance à le vouloir ; mais elles pourraient sans aucune singularité prendre le goût de cette simplicité d'habit, si noble, si gracieuse et d'ailleurs si convenable aux mœurs chrétiennes... les véritables grâces suivent la nature et ne la gênent jamais. » Après avoir vu dans ce chapitre les dangers qui résultent de la passion effrénée de la mode et de la coquetterie, n'est-ce pas le cas de répéter cette parole d'un contemporain : la toilette conduit la femme à l'adultère et le mari à l'hôpital.

Le profond philosophe termine son livre par des instructions adressées aux femmes sur leurs devoirs. Nous renvoyons nos lecteurs aux chapitres XI et XII qui contiennent ce long exposé

et ne sont que le développement de la vie intérieure de famille, et nous nous bornerons à
signaler quels sont uniquement les emplois de
la femme. C'est l'auteur lui-même qui répond
à la question. « Elle est chargée, dit-il, de
l'éducation de ses enfants ; des garçons jusqu'à
un certain âge, des filles jusqu'à ce qu'elles se
marient ; de la conduite des domestiques, de leurs
mœurs, de leur service ; du détail de la dépense,
des moyens de faire tout avec économie et hono-
rablement, d'ordinaire même de faire les fermes
et de recevoir les revenus. La science des femmes,
comme celle des hommes, doit se borner à
s'instruire par rapport à leurs fonctions ; la
différence de leurs emplois doit faire celle de leurs
études. Il faut donc borner l'instruction des
femmes aux choses que nous venons de dire. »
Peut-être avons-nous insisté un peu longuement
sur ce sujet capital, mais nous l'avons fait à
dessein et pour nous soumettre à l'obligation que
nous nous sommes imposée d'avoir sans cesse
en vue l'amélioration sociale. Nul ouvrage en
effet ne peut, mieux que ce traité d'éducation,
concourir à moraliser les femmes, à leur ensei-
gner l'amour du devoir, de la religion, de la
famille, le mépris de la vanité, du luxe, du
plaisir. La jeune fille, l'épouse, la mère peuvent
y puiser, comme à une source intarissable, les
plus précieux conseils et les plus salutaires leçons
sur le moyen de fuir les séductions du monde,

de procurer au foyer conjugal le calme et la prospérité, de faire de leurs enfants des êtres vraiment utiles à la société, capables de contribuer plus tard à son perfectionnement, soit par leurs œuvres, soit par l'exemple des vertus que leurs parents leur ont léguées. Quant à la récompense réservée aux généreux efforts de cette épouse et de cette mère, nous la trouvons dans l'éloge que l'Écriture-Sainte fait, au livre des Proverbes, de la femme vraiment admirable, que ses enfants ont dite heureuse, que son mari a louée, et qui a été louée par ses propres œuvres dans l'assemblée des sages, et par les regrets et les pleurs de tous ceux qui l'ont connue, aimée et respectée.

Le traité de l'éducation des filles n'est pas le livre le plus remarquable de Fénelon, mais nous l'avons étudié avant les autres, parce qu'il est son premier ouvrage et l'un de ceux dont nous pouvons peut-être tirer le plus de profit moral. Son chef-d'œuvre est certainement le Télémaque. Si l'on passe en revue les poètes épiques, il est impossible de ne pas comprendre parmi eux, l'aimable auteur des aventures de Télémaque, fils d'Ulysse. Quoique ce livre soit en prose, on peut bien sans injustice lui donner la qualité de poëme épique : la prose en est si régulière, si mesurée, le style en est si harmonieux, qu'il s'élève à toutes les hauteurs auxquelles peuvent parvenir les vers. Il ne manque donc au Télémaque, pour être véritablement un poëme épique,

que la forme même, c'est-à-dire l'agencement des mots en hémistiches et la ressemblance des sons que nous appelons la rime. Nous allons résumer cet ouvrage avec quelques détails, car tous les récits qu'il contient sont tellement intéressants et si admirablement racontés, qu'il y aurait négligence à ne pas les mentionner tous.

Télémaque, conduit par Minerve, sous la figure de Mentor, aborde, après un naufrage, dans l'île de Calypso. La déesse, inconsolable du départ d'Ulysse, fait au fils du héros l'accueil le plus favorable, conçoit une vive passion pour lui et lui offre l'immortalité s'il veut demeurer avec elle. Elle lui demande le récit de ses aventures. Télémaque raconte son voyage à Pylos et Lacédémone, son naufrage sur la côte de Sicile, le danger qu'il y courut d'être immolé aux mânes d'Anchise, le secours que Mentor et lui donnèrent à Alceste dans une incursion de barbares, et le soin que ce prince eut de reconnaître ce service, en leur procurant un vaisseau tyrien pour retourner dans leur pays; mais ce navire ayant été pris par Sésostris, il fut fait prisonnier avec Mentor, et emmené captif en Égypte. Celui-ci est envoyé esclave en Éthiopie et son maître réduit à conduire un troupeau dans le désert d'Oasis : un prêtre d'Apollon, Termosiris, le console et lui apprend à imiter ce Dieu qui avait été autrefois berger chez Admète, roi de Thessalie. Bientôt Sésostris, informé de tout ce

que Télémaque fait de merveilleux parmi les
bergers, le rappelle, reconnaît son innocence
et lui promet de le renvoyer à Ithaque ; mais la
mort de Sésostris attire sur lui de nouveaux
malheurs, il est enfermé dans une tour du haut
de laquelle il voit le nouveau roi d'Égypte,
Bocchoris, périr dans un combat contre ses
sujets révoltés et secourus par les Phéniciens.
Termutis, son successeur, rendant tous les prisonniers phéniciens, le fils d'Ulysse fut emmené
à Tyr sur le vaisseau de Narbal, qui commandait
la flotte tyrienne, et, pendant le trajet, ce dernier
l'entretient de la puissance, de la prospérité des
Phéniciens, des lois qui président à leur commerce, il lui dépeint Pygmalion, prince avare
et cruel. Après quelque séjour à Tyr, Télémaque
est sur le point de s'embarquer pour l'île de
Chypre ; Pygmalion veut le faire prendre, mais
Astarbé, la maitresse du tyran, le sauve et fait
mourir à sa place un jeune homme dont les
mépris l'avaient irritée. Dans sa traversée, de
Tyr à l'île de Chypre, il eut un songe qui lui
montrait Vénus et Cupidon l'invitant au plaisir,
Minerve le couvrant de son égide et Mentor
l'exhortant à fuir. A son réveil, les Chypriens,
noyés dans le vin, sont surpris par une affreuse
tempête ; le navire eût péri s'il n'eût pris en
main le gouvernail. Enfin il arrive et nous dépeint les mœurs voluptueuses des habitants, le
culte rendu à Vénus et les impressions funestes

qu'il en reçoit ; heureusement il y retrouve Mentor, dont le conseil le délivre d'un si grand danger. Le Syrien Hazaël, à qui celui-ci avait été vendu, rend au héros son sage conducteur.

Ils s'embarquent tous les trois pour l'île de Crète et voient dans ce trajet le beau spectacle d'Amphitrite traînée dans son char par des chevaux marins. A son arrivée Télémaque apprend que le roi Idoménée vient de sacrifier son fils unique pour accomplir un vœu indiscret, et que les Crétois, voulant venger le fils immolé, ont forcé le père à quitter le pays ; qu'après bien des incertitudes, ils se sont assemblés afin d'élire un nouveau roi. Il est admis dans cette réunion ; il y remporte le prix à divers jeux et résout avec une rare sagesse les questions proposées aux concurrents par les juges. La couronne de Crète lui est donc offerte, mais il la refuse ; on propose ensuite d'élire Mentor, qui choisit Aristodème. Les deux voyageurs s'embarquent pour Ithaque sur un vaisseau crétois qui est brisé par la tempête ; enfin, poussés par les flots, ils abordent dans l'île de Calypso. Ravie d'admiration par le récit du fils d'Ulysse, elle conçoit une violente passion pour lui et met tout en œuvre pour faire naître chez lui le même sentiment. Vénus, pour la seconder, amène dans l'île son fils Cupidon avec ordre de percer de ses flèches le cœur du héros, qui ressent bientôt pour la nymphe Eucharis un fol amour. Calypso, furieuse, jure par le Styx de faire sortir Télémaque de son île et presse Mentor de construire un vaisseau pour le conduire à Ithaque. Cupidon persuade alors aux nymphes de brûler le navire ; à la vue des flammes, Télémaque éprouve une secrète joie, mais le sage Mentor le précipite dans la mer, s'y jette avec lui et ils gagnent à la nage un autre bâtiment commandé par Adoam, frère de Narbal, qui les reçoit favorablement. Adoam leur promet de les mener à Ithaque, leur offre un repas magnifique et leur raconte la mort tragique de Pygmalion et les merveilles de la Bétique. Vénus irritée demande à Jupiter la perte du fils d'Ulysse ; mais les destins ne permettent pas qu'il périsse, et la déesse va solliciter de Neptune les moyens de l'éloigner d'Ithaque où le conduit Adoam. Neptune envoie aussitôt au pilote Achamas une divinité trompeuse qui enchante ses sens par ses prestiges et le fait entrer à pleines voiles dans le port de Salente, au moment où le pilote croyait arriver à Ithaque.

Idoménée, roi des Salentins, fait l'accueil le plus favorable aux deux voyageurs et les conduit au temple de Jupiter, où l'on célébrait un sacrifice pour le succès d'une guerre contre les Manduriens ; le sacrificateur, ayant consulté les entrailles des victimes, fait tout espérer au roi et l'assure qu'il devra son bonheur à ses nouveaux hôtes. Celui-ci leur ayant fait connaître le sujet de cette guerre, ils négocient au nom d'Idoménée une paix honorable avec les Manduriens. Cependant ce dernier avait promis des troupes à Nestor, qui était venu lui demander des secours au nom des alliés, contre les Dauniens leurs ennemis. Mentor le désapprouve de s'être engagé dans une nouvelle guerre, et, guidé par ce sage conseil, le roi de Salente persuade aux alliés qu'il leur suffira d'avoir dans leur armée Télémaque avec cent jeunes Crétois ; puis ils font ensemble de nombreuses et importantes réformes dans le royaume, concernant l'administration, le commerce et l'agriculture. Idoménée raconte à Mentor ses infortunes. Pendant son séjour chez les alliés, Télémaque gagne l'affection des principaux chefs et même celle de Philoctète, qui d'abord était indisposé contre lui à cause d'Ulysse son père, et qui lui fait le triste récit de ses malheurs. Un différend s'élève entre lui et Phalante, chef des Lacédémoniens, au sujet de quelques prisonniers faits sur les Dauniens et que chacun prétend avoir ; pendant que la cause se discute dans l'assemblée des rois alliés, Hippias, frère de Phalante, s'empare des prisonniers pour les emmener à Tarente. Notre héros irrité attaque Hippias avec fureur et le terrasse dans un combat singulier. Adraste, roi des Dauniens, profitant du trouble qui règne dans l'armée des alliés, les surprend à l'improviste ; il s'empare de cent de leurs vaisseaux avec lesquels il trans-

porte ses propres troupes dans le camp allié ; il
y met le feu, commence l'attaque par le quartier
de Phalante et tue Hippias, frère de ce dernier,
qui lui-même est percé de coups. Télémaque,
s'étant revêtu de ses armes divines, s'élance
hors du camp au premier bruit de ce désordre,
rassemble autour de lui l'armée des alliés et
dirige ses mouvements avec tant de sagesse,
qu'il repousse en peu de temps l'ennemi vic-
torieux. Une tempête ayant séparé les deux
armées et mis fin au combat, il fait emporter
les blessés, leur procure tous les soulagements
dont ils ont besoin et prend un soin particulier
de Phalante et des funérailles d'Hippias.

Ensuite, persuadé que son père Ulysse n'est
plus sur la terre, il se résout à l'aller chercher
dans les enfers ; puis, une fois sorti de l'empire
de Pluton, il retourne promptement au camp
des alliés, où, dans une assemblée des chefs
de l'armée, il combat la politique qui leur inspirait le dessein de surprendre Vénus que les
deux partis étaient convenus de laisser en dépôt
entre les mains des Lucaniens. Il fait voir sa
sagesse et sa prudence à l'occasion de deux
transfuges : l'un, Acante, était chargé par Adraste
de l'empoisonner ; l'autre, Dioscore, offrait aux
alliés la tête d'Adraste. Dans le combat qui
s'engage, il excite l'admiration universelle par
sa valeur ; enfin Adraste et lui se joignent :
Télémaque terrasse son adversaire et le réduit

à lui demander la vie. Il la lui accorde géné-
reusement ; mais Adraste, à peine relevé, veut
par un coup imprévu surprendre son vainqueur,
qui le saisit de nouveau et le perce de son
glaive. Alors les Dauniens tendent la main aux
alliés en signe de réconciliation et demandent
pour unique condition de paix qu'on leur per-
mette de choisir un roi de leur nation pour
effacer l'opprobre dont Adraste avait couvert la
royauté. Les chefs de l'armée se réunissent
pour délibérer sur cette demande ; la plupart
sont d'avis de partager entre eux le pays des
Dauniens et ils offrent la fertile contrée d'Arpine
au fils d'Ulysse , qui refuse et fait voir que
l'intérêt commun des alliés est de laisser à ce
peuple ses terres et de lui donner pour roi
Polydamas, fameux capitaine de la nation et
non moins estimé pour sa sagesse que pour
sa valeur. Cette proposition est acceptée par les
chefs ; elle comble de joie les Dauniens auxquels
Télémaque persuade de donner la contrée d'Arpine à Diomède, roi d'Étolie, qui , pendant le
siége de Troie, ayant blessé Vénus, était poursuivi depuis ce temps avec ses compagnons par
la colère de cette déesse.

Les troubles étant ainsi terminés, tous les
princes se séparent pour s'en retourner chacun
dans son pays. Notre héros, de retour à Salente,
y retrouve Mentor et lui ouvre son cœur sur
son inclination pour Antiope , fille d'Idoménée,

et sur son dessein de l'épouser. Le sage conseiller approuve ce choix , mais il ne veut pas que son compagnon s'occupe en ce moment d'autre chose que de son départ pour Ithaque. Idoménée, voulant retenir ses hôtes, essaie d'exciter la passion de Télémaque pour Antiope; il les engage dans une chasse où sa fille est sur le point d'être déchirée par un sanglier, lorsque l'adresse et le courage de son amant lui sauvent la vie. Les deux voyageurs obtiennent enfin la permission de partir, et l'on se quitte avec les plus vives protestations d'estime et d'amitié. Pendant la navigation, le calme de la mer les force de relâcher dans une ile où Ulysse venait d'aborder. Son fils le rencontre et lui parle sans le reconnaître; puis, après l'avoir vu s'embarquer, il ressent un trouble dont il ne peut se rendre compte. Mentor l'avertit alors qu'il vient de parler à Ulysse lui-même; il le console et l'assure qu'il rejoindra bientôt son père; puis il éprouve encore sa patience en retardant son départ pour faire un sacrifice à Minerve. Enfin , la déesse cachée sous la figure de Mentor reprend sa forme divine et se fait connaître; elle donne à Télémaque ses dernières instructions et disparait; celui-ci se hâte de partir et parvient à Ithaque, où il retrouve son père chez le fidèle Eumée.

Ainsi que nous le disions en commençant ce résumé, Fénelon composa sous le titre des *Aventures de Télémaque* un véritable poëme épique, à la rime et à la mesure près ; mais certainement il y a plus de poésie dans cet ouvrage que dans la *Henriade* de Voltaire, par exemple, quoique celle-ci soit en vers : l'action du *Télémaque* est mieux conduite et l'on y remarque plus de dignité. Les premiers livres nous paraissent la partie la plus intéressante et la mieux traitée, car nous trouvons dans les derniers trop de dissertations politiques. Toutes ces instructions que Mentor donne à Télémaque sont, il est vrai, irréprochables sous le rapport de l'élévation des sentiments, de la sublimité des maximes et des vérités, mais leur place n'est pas dans un poëme épique ; ce n'est pas un cours de morale, mais un ouvrage fait pour exciter l'admiration, en présentant un grand caractère et de belles actions. L'auteur excelle dans la partie descriptive, quand il chante le calme de la vie des champs, les douceurs de la vertu, le bonheur d'un peuple sous le gouvernement d'un bon roi, jouissant de l'abondance et de la paix. On voit que tout cela est écrit d'inspiration et n'est que l'expression de ses propres sentiments, de ses propres pensées. Dans la description des combats, il ne réussit pas aussi bien ; il ne s'élève pas à la hauteur d'Homère ni du Tasse dans les récits qu'il fait de la guerre. Mais quand il parle de la vertu, du charme qu'elle procure, des pures et inaltérables jouissances des justes dans les Champs-Élysées, alors son âme se révèle tout entière, l'amour du bien déborde de son cœur, il s'exhale de ses paroles comme un parfum de douceur et de piété.

Tous les poètes épiques ont fait descendre leurs héros dans les enfers : Homère, dans son *Odyssée*, conduit Ulysse dans le séjour des ombres ; il place l'enfer dans le pays des Simmériens, mais l'idée d'une récompense et d'une punition était très-obscure. Ulysse rencontre Achille, qu'il félicite de sa présence parmi les ombres heureuses, mais celui-ci lui répond par des plaintes et des regrets, et lui dit qu'il aimerait mieux être simple ouvrier sur la terre que roi dans les enfers. Virgile mène aussi Énée dans la sombre demeure ; là on voit cette idée tout à fait perfectionnée, les châtiments et les récompenses y sont décrits d'une manière vraisemblable et philosophique. Enfin Fénelon conduit également son héros dans les enfers, et l'état des âmes après leur mort est présenté d'une façon bien plus sage que dans les deux poètes précédents : on sent que la pensée du christianisme domine dans les descriptions du Tartare et des Champs-Élysées, telles que les concevait l'auteur. Le *Télémaque* est l'un des plus beaux ouvrages de morale qui ait été composé. Quelle noblesse de sentiments, quelle pureté de principes ! C'est un livre qui renferme les instructions les plus solides et les plus variées ; il paraît destiné aux princes et contient des règles de conduite pour tous, il peint la sagesse et la vertu sous les dehors les plus riants. Cette œuvre, embellie par la mythologie, respire un parfum de la Grèce, on dirait que c'est une traduction d'un vieil ouvrage perdu. Nous ne saurions mieux terminer cet exposé qu'en reproduisant le jugement de Voltaire dans lequel ce grand critique nous fait voir les qualités et les imperfections des aventures du fils d'Ulysse. « Le *Télémaque*, dit-il, est un livre singulier qui tient tout à la fois du roman et du poëme. Il semble que l'auteur ait voulu traiter le roman comme Bossuet traitait l'histoire, en lui donnant une dignité et des charmes inconnus, et surtout en tirant de ces fictions une morale utile au genre humain, morale entièrement négligée dans presque toutes les inventions fabuleuses.... Les juges d'un goût sévère y ont blâmé les longueurs, les détails, les aventures trop peu liées, les descriptions trop répétées et même trop uniformes de la vie champêtre. »

Les aventures de Télémaque sont suivies de celles d'Aristonoüs, que nous n'essaierons pas d'analyser, parce qu'elles sont écrites dans le même style, avec les mêmes perfections et le même talent que l'ouvrage admirable dont elles forment l'appendice le plus naturel. Nous citerons seulement sur ce petit chef-d'œuvre l'opinion de M. Villemain, ainsi formulée : « Les aventures d'Aristonoüs respirent ce charme attendrissant qui n'est donné qu'à quelques hommes, à Virgile, à Racine, à Fénelon. Dans ce morceau de quelques pages on devinerait l'auteur de *Télémaque*, comme dans le dialogue d'Eucrate et de Sylla on reconnaît Montesquieu. Il n'appartient qu'aux hommes véritablement supérieurs de pouvoir renfermer ainsi dans un cadre très-étroit l'essai de tout leur génie. »

Après le *Télémaque*, le livre le plus remarquable de Fénelon est le *Traité de l'existence de Dieu*, à cause de la grandeur, de l'importance et de la longueur du sujet. Cet ouvrage se divise en deux parties : dans la première, l'auteur s'attache exclusivement à prouver l'existence de Dieu par le principe des causes finales, et à combattre les doctrines des Épicuriens qui ne voulaient pas reconnaître ce principe. Il considère en détail l'aspect général de l'univers, les principales merveilles de la nature, entre autres l'homme qu'il étudie au physique et au moral ; il nous montre l'empire de l'âme sur le corps, la grandeur de l'homme et sa faiblesse, sa liberté et sa dépendance d'où il tire une nouvelle preuve de l'existence divine ; enfin, selon lui, la connaissance que nous avons de l'unité et de l'infini est pour nous comme le sceau de la divinité. Dans la création, tout atteste donc de la façon la plus palpable une puissance éminemment supérieure, tout révèle une volonté suprême et absolue. La première partie du traité de Fénelon est, pour se servir de ses propres paroles, « une philosophie sensible et populaire, dont tout homme sans passions et sans préjugés est capable. » La seconde intéresse de préférence les esprits naturellement portés aux recherches philosophiques. Elle contient la démonstration de l'existence et des attributs de Dieu, tirée des idées intellectuelles. Après nous avoir indiqué la méthode qu'il faut suivre dans la recherche de la vérité, l'auteur nous présente trois preuves métaphysiques de la Divinité, tirées de l'imperfection de l'être humain, de la connaissance que nous avons de l'infini, de l'idée de l'Être nécessaire. Il passe ensuite à la réfutation du Spinosisme, dont il fait voir l'absurdité et prouve encore une fois la réalité de l'Être souverain par la nature des idées et les attributs divers qui sont : l'unité, la simplicité, l'immutabilité, l'éternité, l'immensité, la science de Dieu.

Les *Lettres sur la Métaphysique et la Religion*, renfermant à peu près les mêmes pensées que le *Traité de l'existence de Dieu*, dont elles sont le complément, nous ne nous y appesantirons pas. Nous nous contenterons simplement de faire remarquer que la ressemblance va parfois jusqu'à la similitude des termes, comme il est, du reste, facile de s'en convaincre en comparant dans les deux ouvrages les endroits relatifs à la raison et à la liberté. Cependant les lettres contiennent des dissertations philosophiques extrêmement sérieuses et très-intéressantes, qui ne figurent pas dans le traité, notamment celle de l'immortalité de l'âme, et quelques raisonnements se rapportant plutôt à la religion et à la théologie, sur le culte intérieur et extérieur, sur le judaïsme et le christianisme.

Nos lecteurs comprendront sans peine que nous ne nous arrêtions pas longtemps à démontrer par nous-même l'existence de Dieu, après le livre immortel que Fénelon a composé sur ce grave sujet. Tout en effet dans l'univers ne nous prouve-t-il pas de la façon la plus évidente cette divine existence? Et ces magnifiques monuments religieux qui se dressent majestueusement de toutes parts? Et cette multitude innombrable d'êtres qui peuplent le monde? Et l'homme lui-même, le chef-d'œuvre de la création? Et ce nombre prodigieux de martyrs qui, avec un courage héroïque, n'ont pas craint d'affronter les plus cruels tourments pour porter la lumière, l'espérance et la foi jusque dans les régions les plus lointaines et les plus inconnues? Comment, s'écrie Pascal, ne pas croire des gens qui se font égorger pour leur croyance? Comment méconnaître des doctrines prêchées par des hommes tels que saint Jean-Chrysostome, saint Basile, saint Grégoire-de-Nazianze, saint Augustin dans les temps anciens; Bossuet, Fénelon, Massillon, Fléchier, Bourdaloue, Lamennais, Lacordaire dans les temps modernes? Comment admettre, ainsi que le prétendent certains philosophes indignes de ce nom, que l'univers se soit formé tout seul et par l'effet du hasard? Est-ce que la terre, les plantes, l'eau, l'air, le feu, le ciel, le soleil, les astres, les animaux, le jour, la nuit, ne nous annoncent pas de la manière la plus palpable un Être infiniment supérieur et tout-puissant? Après cet aperçu général des principales raisons que l'on peut invoquer en faveur de cette croyance, il serait superflu d'insister davantage.

Nous nous bornerons maintenant, pour faire voir les inconvénients et les dangers qui résultent pour l'homme de la négation de la Divinité, à citer un passage d'un remarquable discours qu'un orateur français, M. le marquis de Montlaur, prononçait au mois de janvier 1875, à la tribune de l'Assemblée nationale : « Il n'existe pas de société sans Dieu, tout peuple qui laisse l'idée d'un Être supérieur, réglant nos destinées, décroitre en lui, court à une irrémédiable décadence. Son énergie morale diminue, sa grandeur s'éteint, et l'histoire en présente de trop éclatants exemples pour qu'il soit possible de nier cette haute vérité. Le livre par excellence, le grand livre de la morale éternelle, l'a dit en quelques mots qu'on ne saurait oublier : « l'homme ne vit pas seulement de pain : » il a aussi une âme à nourrir, une âme qui a besoin, pour se soutenir dans les dures épreuves de la vie, ou pour se relever après sa chute, d'un enseignement qui lui apprenne le but vers lequel elle doit diriger ses efforts, qui la console et la fortifie. Si cet enseignement lui manque, l'homme, si bien doué qu'il ait été en entrant dans la vie, si dévoué qu'il soit à l'accomplissement du devoir, ne tarde pas à sentir s'émousser ses bons sentiments ; il s'abandonne à la révolte intérieure qui gronde en lui, et repousse toute autorité qui s'impose, comme importune ; rejetant le joug de Dieu comme trop lourd, comment ne rejetterait-il pas celui de l'homme, et ne s'insurgerait-il pas contre l'ordre social ! Au lieu d'aspirations élevées, il n'aura que des appétits. »

Les autres ouvrages de Fénelon les plus remarquables après les trois principaux que nous venons d'analyser sont : les *Dialogues sur l'éloquence*, le *Mémoire sur les occupations de l'Académie française*, les *Fables* et les *Dialogues des morts*. Nous allons les résumer rapidement parce qu'ils sont moins longs que les précédents sur lesquels nous nous sommes un peu trop étendu. Dans ses trois dialogues sur l'éloquence de la chaire, l'auteur explique comment il comprend le ministère de la parole évangélique, et de quelle manière doit être remplie cette mission sainte et divine tombée des lèvres même de Jésus-Christ disant à ses apôtres : *ite et docete*, allez et enseignez. Il faut avant tout éviter l'affectation du bel esprit dans les sermons. Le but de l'élo-

quence est d'instruire les hommes et de les rendre meilleurs ; l'orateur ne l'atteindra pas s'il n'est
désintéressé. Pour arriver à un résultat sérieux
et véritable, on doit prouver, peindre et toucher,
et à ce propos l'archevêque de Cambrai donne
aux prédicateurs les principes de l'art oratoire ;
il leur conseille de ne pas apprendre et de ne
pas débiter par cœur leurs sermons, d'éviter les
divisions et les sous-divisions, de bannir sévère-
ment du discours les ornements frivoles. Il leur
fait voir en quoi consiste la véritable éloquence
et combien celle des Livres Saints est admirable ;
il leur enseigne l'importance et la manière d'expliquer la Sainte Écriture, les moyens de se
former à la prédication et quelle doit être la
matière ordinaire des instructions. Enfin, après
leur avoir parlé de l'éloquence et du style des
Pères ainsi que des panégyriques, il conclut par
cette exhortation de saint Jérôme à Népotien :
« Quand vous enseignerez dans l'église, n'excitez
point les applaudissements, mais les gémisse-
ments du peuple. Que les larmes de vos auditeurs soient vos louanges. Il faut que les
discours d'un prêtre soient pleins de l'Écriture-
Sainte. Ne soyez pas un déclamateur, mais un
vrai docteur des mystères de Dieu. »

Le Mémoire sur les occupations de l'Académie
française est divisé en deux parties : la première
concerne l'occupation de l'illustre assemblée
pendant qu'elle travaille encore au dictionnaire,

la seconde l'occupation qu'elle pourra se donner
lorsque le dictionnaire sera tout à fait achevé.
Ce mémoire est suivi de la lettre à M. Dacier,
secrétaire perpétuel de l'Académie française,
dans laquelle Fénelon propose à cette docte
société, après l'achèvement du dictionnaire,
divers projets de grammaire, d'enrichir la
langue, de rhétorique, de poétique, de traités
sur la tragédie, la comédie et l'histoire ; il répond ensuite à une objection sur ces projets et
se livre à certaines réflexions sur les anciens et
les modernes. Cette lettre est considérée comme
un des meilleurs livres classiques : la pureté des
principes, le choix des citations et l'observation rigoureuse de toutes les règles qu'elle renferme en
font un modèle admirable de bon goût et de style.

Les Fables et les Dialogues des morts furent
écrits spécialement pour l'éducation du jeune
Duc de Bourgogne, à mesure que son âge et
le développement de son intelligence lui per-
mettaient de comprendre et d'apprécier des faits
dont il avait ignoré jusqu'ici la portée. On doit
remarquer que toutes ces fables et tous ces
dialogues ne conviennent qu'à un prince destiné au trône. Les fables, probablement com-
posées les premières, se distinguent par la
simplicité et la clarté, ce qui prouve qu'à cette
époque le royal élève était encore enfant et que
son précepteur voulait ménager son esprit et sa
mémoire. Les suivantes sont déjà plus sérieuses,

il y est parlé d'histoire et de mythologie, le style est toujours élégant et soigné, pour inspirer au jeune prince l'idée de choisir ses expressions et de n'employer que les termes propres à son sujet. Elles ont toutes un but moral et précis, et furent écrites par le maître sous l'impression d'une faute récente commise par l'élève, et pour lui donner une leçon immédiate et directe. Mais de peur de blesser l'amour-propre du duc et de lui inspirer par ses remontrances un certain dégoût pour son instruction et pour la vertu sévère qu'il lui enseignait, Fénelon avait soin d'accompagner ses reproches de grands ménagements, de paroles bienveillantes, d'exhortations amicales, de douces espérances. Voulant dans une seule fable faire connaître au petit-fils de Louis XIV tous les défauts de son caractère, il fit la fable du Fantasque, dans laquelle le prince put voir la peinture exacte de ses imperfections et de ses extravagances. Ce morceau délicieux est vraiment digne de La Bruyère, dont il réunit toute la finesse d'observation; mais celui-ci composait ses Caractères après une étude difficile et un examen approfondi, tandis que Fénelon écrivait le Fantasque avec l'aisance et la liberté d'un instituteur qui réprimande son élève au moment de sa faute.

Quand enfin le maître trouva le disciple suffisamment avancé dans la connaissance de l'histoire ancienne et moderne, il forma le dessein de

faire passer devant ses yeux, dans ses dialogues
des morts, tous les grands personnages qui se
sont illustrés par leurs actions ou par leurs talents,
afin de l'habituer à les juger selon leur mérite réel
et non d'après leur réputation. Ces dialogues sont
empreints du même naturel et de la même facilité qui distinguent toutes ses œuvres, mais
on est frappé dans ce livre, encore plus que
dans les autres, de la science extraordinaire de
l'auteur en matière d'histoire, de politique et
de philosophie, et il est surtout remarquable
par la sincérité des opinions, par la profondeur
des réflexions et par la justesse des jugements.
Les dialogues les plus célèbres sont ceux où
il met en présence Héraclite et Démocrite,
Louis XI et le cardinal Balue, le connétable de
Bourbon et Bayard, Charles-Quint et un jeune
moine de Saint-Just. Les autres ouvrages les
plus importants après ceux dont nous avons
parlé, sont : la Réfutation du Traité de la nature
et de la grâce, du P. Malebranche, le Traité
du ministère des pasteurs, l'explication des
Maximes des saints sur la Vie intérieure, les
Lettres spirituelles, le Discours pour le sacre de
l'Électeur de Cologne, le Sermon pour la fête de
l'Épiphanie.

Nous ne saurions mieux finir cette étude sur
notre grand philosophe, qu'en nous associant
au juste tribut d'admiration que lui accorde
d'Aguesseau, juge aussi impartial que sage et

éclairé. Voici comment il s'exprime : « L'abbé de Fénelon, depuis archevêque de Cambrai, était d'un commerce délicieux, l'un de ces hommes rares destinés à faire époque dans leur siècle, et qui honorent autant l'humanité par leurs vertus que les lettres par leurs talents ; un homme facile, brillant, dont le caractère était une imagination féconde, gracieuse et dominante, sans faire sentir sa domination. Son éloquence avait, en effet, plus d'insinuation que de véhémence, et il régnait autant par les charmes de son élocution que par la supériorité de ses talents ; se mettant au niveau de tous les esprits et ne disputant jamais, paraissant même céder aux autres dans le temps où il les entretenait. Les grâces coulaient de ses lèvres, et il semblait traiter les plus grands sujets, pour ainsi dire, en se jouant ; les plus petits s'ennoblissaient sous sa plume, et il eût fait naître des fleurs du sein des épines. Une noble singularité répandue sur toute sa personne, et je ne sais quoi de sublime dans le simple, ajoutaient à son caractère un certain air de prophète. Le tour nouveau, sans être affecté, qu'il donnait à ses expressions, faisait croire à bien des gens qu'il possédait toutes les sciences comme par inspiration. On eût dit qu'il les avait inventées, plutôt qu'il ne les avait apprises. Toujours original, toujours créateur, n'imitant personne et paraissant lui-même inimitable. »

CONCLUSION

Le sujet que nous venons d'étudier devait
être traité au point de vue de l'amélioration
sociale et de la moralisation humaine; aussi
pensons-nous ne pouvoir mieux remplir ce but
qu'en comparant les vertus des trois philosophes
dont nous avons médité la vie et les doctrines,
aux vices de notre société moderne, et en montrant ces vices et les moyens de nous en corriger.
Or, à la tempérance, à la pauvreté de Socrate,
qu'oppose-t-on? l'amour du bien-être et des
richesses; à l'austérité de Marc-Aurèle, la soif
du plaisir; à la charité, à la piété de Fénelon,
l'égoïsme et l'irréligion. Tels sont, en quelques
mots, les vertus que nous devrions sans cesse
pratiquer et les défauts caractéristiques de notre
nature. Mais entrons plus avant dans ce triste
détail. A quoi faut-il attribuer cette décadence
morale? Au manque d'enthousiasme pour tout
ce qui est noble et bon : on n'a pas l'amour des
grandes choses, les mots de patrie, de religion,

8

de famille, ne font pas tressaillir le cœur comme autrefois; la justice et la vertu ne sont pas observées, on n'a pas le courage et la force de penser et d'agir. Quand un événement terrible et imprévu vient à fondre sur nous, trop souvent nous n'avons pas l'énergie nécessaire pour y faire face; au lieu de demander à Dieu sa protection et son aide pour souffrir, pour combattre et pour vaincre, trop souvent aussi nous préférons aller chercher un refuge dans le lâche et infâme suicide. « C'est l'extinction absolue du sens moral, dit Châteaubriand, qui donnait aux Romains cette facilité de mourir qu'on a si follement admirée. Les suicides sont toujours communs chez les peuples corrompus. L'homme réduit à l'instinct de la brute meurt indifféremment comme elle. »

On ne songe qu'à soi, à s'amuser, à s'enrichir; on est blasé sur tout, on ne respecte plus rien, même les choses les plus saintes et les plus sacrées; on ne vit plus pour penser, on ne pense qu'à vivre. Et que dira de nous la postérité, quand elle nous verra devenir de plus en plus corrompus, moqueurs, présomptueux, ivres d'argent et de jouissances; revendiquer bien haut la liberté et les droits de l'homme, alors que nous ne songeons pas suffisamment aux devoirs sacrés que ces grandes idées nous imposent; critiquer et blâmer les anciens, nous passionner pour les choses les plus futiles, les plus viles et les plus dépravées? Voulez-vous connaître la conséquence de cet abaissement? écoutez M. Duruy nous traçant le tableau de la décadence de la Grèce : « Elle est tombée parce que ce peuple resta toujours divisé, et que ses villes ne voulurent jamais s'unir de manière à former un tout-puissant État qui eût tout bravé; et que les Grecs, devenus riches et puissants, oublièrent les vertus qui leur avaient donné cette grandeur : l'amour de la patrie, le respect de soi-même. L'amour de l'or déprava tout. Dans la Grèce des derniers temps, il n'y avait plus de citoyens, à peine des hommes. On n'estimait plus qu'un mérite, celui de s'enrichir par n'importe quel moyen; on n'adorait plus qu'un Dieu : le plaisir. « La patrie ! dit un poète de cette triste époque, elle est où on est bien. » Voilà pourquoi la Macédoine, puis les Romains, eurent si bon marché de ces Grecs dégénérés. »

Mais il est temps encore de remédier à cette dépravation : réfléchissons donc et mettons-nous courageusement à l'œuvre. Tous, sans distinction de parti politique ou de secte philosophique, faisons trêve à nos divisions, à nos dissentiments; n'ayons tous qu'un seul but, qu'une même pensée, la patrie, et donnons-nous la main. Montrons au peuple, souvent égaré par l'ignorance, le mensonge, la misère et surtout la débauche, l'exemple de l'abnégation, de la

souffrance, du dévouement, de tous les devoirs et
de toutes les vertus civiques ; élevons son esprit
et son cœur vers les idées supérieures de justice,
de bien, de piété ; réveillons chez lui le sentiment
moral presque éteint ; entretenons-le de l'âme et
de la religion, parlons-lui de Dieu avec douceur, avec conviction, avec amour. Faisons
revivre en lui le culte sacré de la patrie, en
lui montrant tous les sacrifices qu'il a provo-
qués, tous les traits d'héroïsme qu'il a enfantés,
toutes les gloires qu'il a produites. Que la charité et la fraternité deviennent pour nous deux
lois saintes, inviolables ! Qu'à partir de ce jour,
le travail, la tempérance, le respect de nous-
mêmes et l'austérité de nos mœurs, soient
comme le gage de la nouvelle existence que
nous allons commencer. Et pour nous résumer
en quelques mots, que tous nos soins, que tous
nos efforts tendent à donner l'exemple de la
piété filiale, de l'amour fraternel, des devoirs
envers la patrie, à combattre le fléau de l'ambition, à provoquer le respect de la divinité, à
démontrer l'action de la Providence dans le
monde ! Peut-être nous trouvera-t-on bien sévère dans les jugements que nous venons de
porter, mais on nous excusera, nous l'espérons,
quand on connaîtra les motifs qui nous ont fait
agir ainsi. En effet, c'est par amour pour l'humanité, et par désir de contribuer, quoique
dans une bien faible part, à la régénération

morale et par suite à la perfection et au bonheur
de nos semblables, que nous nous sommes
déterminé à parler de la sorte et à mettre
sous les yeux de nos lecteurs tous les vices
que nous avons cru devoir signaler et toutes
les vertus qui doivent y être opposées. Nous
n'avons fait, du reste, que nous conformer au
proverbe latin : *Qui bene amat, bene castigat ;*
Qui aime bien, châtie bien. Mais pour prouver que nous sommes loin de désespérer de
l'amélioration et de la grandeur future de
l'humanité, nous proclamons bien haut qu'un
peuple ne saurait périr tant qu'il renferme dans
son sein des héros tels que ceux de Gravelotte
et de Reichshoffen ; quand il est encore capable
de donner au monde des exemples de courage
et de charité, de dévouement et de fraternité
comme ceux dont la ville de Toulouse nous
offrait, au mois de juin 1875, le triste mais con-
solant spectacle ! Nous reconnaissons avec bonheur que depuis deux années surtout nous avons
fait beaucoup pour l'éducation et l'amélioration
de la condition morale et matérielle du peuple,
ainsi que l'attestent l'organisation et le fonc-
tionnement des nombreuses sociétés philanthropiques et humanitaires existant aujourd'hui.
N'oublions pas toutefois qu'il reste encore beaucoup à faire, comme le prouve malheureusement
la lecture des journaux et des statistiques. En
effet, celles-ci ne nous apprennent-elles pas que,

parmi les trop nombreuses victimes qui peuplent nos hospices d'aliénés, la majeure partie est composée de personnes réduites à ce déplorable état d'abrutissement par l'abus des plaisirs et l'excès des boissons ? D'un autre côté, à quoi attribuer toutes les horreurs et tous les crimes qui remplissent et attristent en même temps nos feuilles publiques, si ce n'est à l'ignorance et à l'absence de toute culture morale. Aussi sommes-nous, pour notre part, entièrement de l'avis d'un ancien ministre de l'instruction publique, et ne cesserons-nous de répéter avec lui : emplissez les écoles, vous viderez les prisons.

Nous disions en commençant dans notre préface : la vie est dans la pensée, et nous le répétons en terminant dans cette conclusion ; car n'est-ce pas en effet dans la pensée que nous trouvons les distractions les plus élevées et les plaisirs les plus doux ? N'est-ce pas aussi dans la pensée que nous puisons un soulagement dans nos contrariétés, une consolation dans nos malheurs ? Au lieu donc de nous abandonner parfois aux plaisirs sensuels que procurent l'intempérance, le libertinage, la luxure, la débauche même, et qui ne laissent après eux que dégoût et abaissement moral, livrons-nous avec ardeur aux joies douces et pures de la pensée, dans la philosophie, l'éloquence, l'histoire, la poésie, le théâtre, la littérature en général, qui forment le cœur et élèvent l'âme. Quand nous éprouvons

quelques ennuis, cherchons un délassement dans
la lecture; quand nous sommes accablés sous le
poids de l'infortune, cherchons un soulagement
dans la philosophie, qui nous donne la force et
le courage de supporter toutes les adversités et
l'espérance sublime de voir nos efforts et nos
peines couronnés de la divine récompense de
l'immortalité. Enfin, pour que notre dernière
exhortation soit encore un encouragement au
bien, nous compléterons notre étude par un
éloge de la vertu que nous empruntons à Massillon : « Rien n'est plus grand et plus digne de .
respect sur la terre que la véritable vertu; le
monde lui-même est forcé d'en convenir. L'élévation des sentiments, la noblesse des motifs,
l'empire sur les passions, la patience dans les
adversités, la douceur dans les injures, le mépris
de soi-même dans les louanges, le courage dans
les difficultés, l'austérité dans les plaisirs, la
fidélité dans les devoirs, l'égalité dans tous les
événements de la vie, en un mot tout ce que
la philosophie a fait entrer dans l'idée de son
sage, ne trouve sa réalité que dans le disciple
de l'Évangile. Plus même nos mœurs sont cor-
rompues, plus nos siècles sont dissolus, plus
une âme juste qui sait conserver au milieu de
la corruption générale sa justice et son innocence, mérite l'admiration publique ; et si les
païens eux-mêmes respectaient si fort les chrétiens, dans un temps où tous les chrétiens étaient

saints, à plus forte raison ceux des chrétiens qui sont encore justes parmi nous sont dignes de notre vénération et de nos hommages, aujourd'hui où la sainteté est devenue si rare parmi les fidèles. »

SUPPLÉMENT

Après une révolution qui a relâché les liens
de la morale, une société à la fois religieuse
et savante porterait un remède assuré à la
source de nos maux.

(CHATEAUBRIAND.)

Dans notre étude biographique et philosophique sur les trois grands moralistes Socrate, Marc-Aurèle et Fénelon, nous nous sommes efforcé de rappeler leurs maximes et d'exposer leurs doctrines les plus propres à contribuer à notre édification morale et d'où l'on peut tirer les enseignements les plus profitables pour le perfectionnement de la société. Mais ayant dans cet exposé simplement appelé l'attention de nos lecteurs sur les questions que nous voulions étudier et sans en faire voir les conséquences pratiques, ce mémoire était destiné seulement à préparer le projet que nous allons soumettre à leur appréciation et dans lequel nous nous proposons de mettre à exécution les théories à la fois morales et philanthropiques développées par ces trois philosophes. Pour arriver à la réalisation de notre entreprise, nous ferons appel à toutes les personnes des deux sexes recommandables par leur honorabilité, leurs vertus, leur savoir ou leurs goûts, sans distinction d'opinion, de position, de fortune. Et comme dans notre étude préparatoire nous avons constamment essayé de démontrer que, selon nous, la vie ne consiste véritablement que dans la pensée, nous aurons encore maintenant recours à cette maxime pour atteindre notre but ; nous voulons substituer un culte purement intellectuel et spiritualiste au matérialisme qui tend à nous envahir de plus en plus. Or, il faut pour cela que notre combinaison soit présentée d'une manière assez attrayante, assez séduisante, pour que nous puissions, tout en instruisant, en charmant et en captivant l'esprit, développer l'intelligence, élever l'âme, former le goût, le jugement et le cœur. Enfin, la moralisation par la pensée, tels sont en deux mots et l'objet de nos préoccupations et le moyen d'accomplir notre tâche.

Mais, nous dira-t-on peut-être, de quel droit, au nom de qui prétendez-vous nous imposer votre loi morale ? Nous répondrons à cette double objection : d'abord, nous usons du droit naturel donné à tout homme d'exprimer librement son opinion, de signaler les erreurs et les vices qu'il remarque, et de faire connaitre les remèdes que l'on doit leur appliquer, et nous considérons simplement l'utilité réelle que notre œuvre peut apporter non-seulement à notre société française, mais encore à toutes les autres ; en second lieu, nous parlons au nom de tous les honnêtes gens qui, comme nous, n'ont qu'un seul but, un seul désir : contribuer, chacun dans la mesure de ses forces, à modifier le sort de la condition humaine, travailler sans relâche à rendre les hommes meilleurs, plus vertueux, plus parfaits et en même temps plus heureux, en leur procurant des plaisirs plus nobles, des distractions plus élevées, des jouissances plus douces. Ainsi, nous nous faisons l'interprète de tous les gens de cœur qui s'affligent et se désolent à la vue des passions et des vices qui déshonorent notre nature, ruinent la santé, abrutissent l'intelligence. Nous avons horreur et nous rougissons de ces appétits grossiers, de ces théories malsaines et perverses, que l'on nomme l'intempérance, la débauche, le sensualisme, le matérialisme, les plaies de l'esprit et du corps et les fléaux de la société. Nous voudrions leur opposer des sensations et des loisirs à la fois plus calmes, plus agréables et plus dignes de notre origine et de notre destinée ; nous voudrions développer et propager le culte de la pensée sous quelque forme qu'elle se manifeste, soit dans la littérature, soit dans les arts.

Ah ! que ne nous est-il donné de posséder l'éloquence des orateurs ou la muse du poète pour décrire et chanter le charme que répandent sur l'existence et les joies que procurent à l'âme

les lettres et les beaux-arts, ces deux manifes-
tations si éclatantes de l'esprit et du génie! En
effet, quels précieux enseignements et quelles
touchantes consolations dans la philosophie!
Quel ardent patriotisme et quel noble enthousiasme dans l'éloquence! Quels chers et glorieux
souvenirs dans l'histoire! Quelle tendresse et
quelle rêverie dans la poésie! Quelles grandes
et puissantes passions, quelle source intarissable
de franche gaîté, que de délassements et d'amusantes récréations dans la tragédie, la comédie,
le roman! Quelle forte et profonde impression
la peinture et la sculpture ne produisent-elles pas
sur notre imagination en frappant nos regards!
Que de goût, d'application, d'adresse, de talent
ne dénotent-elles point! Quelle admiration
ne provoquent-elles pas! Quelles splendeurs et
quelle majesté dans l'architecture! De combien
d'étonnement et de vénération ne sommes-nous
pas pénétrés à la vue de ces magnifiques monuments religieux qui commandent invinciblement
le respect et attestent la grandeur suprême!
Quelle suave mélancolie, quels généreux trans-
ports dans la musique, soit que, par la douceur
et l'harmonie de ses sons, elle nous plonge dans
une mystérieuse extase, soit que, par la puissance et la noblesse de ses accents, elle nous
élève vers les idées supérieures de patriotisme
et de religion! Notre désir le plus ardent, notre
vœu le plus cher, seraient donc de faire pénétrer

dans tous les esprits et dans tous les cœurs ce culte de la pensée, cet amour de la littérature et des arts, source de tout ce qui est grand, désintéressé, sublime; de faire comprendre et sentir à tous, et particulièrement à ceux à qui le manque d'instruction n'a pas permis de révéler ces trésors de l'intelligence humaine, les jouissances et les satisfactions intérieures, le charme et le contentement qu'ils laissent après eux.

Notre but essentiel sera de démontrer par l'exemple et par l'expérience tout le fruit que l'on peut retirer de l'étude et de la culture des choses de l'esprit, l'influence salutaire qu'elles sont capables d'exercer sur la santé, sur la morale et même sur la destinée. Enfin nous n'entendons pas faire de notre tentative une œuvre privée, car nous pensons que la vraie philanthropie ne comprend pas seulement l'amour de nos concitoyens ou de nos compatriotes; ses rayons bienfaisants s'étendent plus loin, elle embrasse tous nos semblables. C'est donc une véritable association internationale et moralisatrice que nous désirons établir; nous souhaitons le bonheur et le salut de tous les hommes en général, sans distinction de nationalité, de race, de classe, d'opinion; nous voulons resserrer entre tous les membres de la grande famille humaine les liens indissolubles de la charité et de la fraternité universelles.

Or voici la combinaison que nous avons imaginée pour arriver à l'accomplissement de notre projet : organiser des réunions avec le concours de toutes les personnes recommandables par leur honorabilité, leurs vertus, leurs talents, leur savoir ou leurs goûts, non-seulement dans chaque contrée, mais dans chaque ville, commune, village, paroisse même, afin que tous puissent s'y rendre et y assister, sans être obligés de se déplacer. Elles auraient lieu les jours où les ouvriers et les paysans sont libres de leurs travaux, c'est-à-dire les dimanches et les jours de fête, entre les offices ou dans la soirée, de façon à laisser à chacun la faculté d'accomplir ses devoirs religieux et de manière à employer à des distractions à la fois instructives, élevées et morales, à des plaisirs agréables et honnêtes, les moments de loisirs que l'on consacre trop souvent à l'ivresse et à la débauche. Ces réunions qui seraient publiques, seraient consacrées : 1° à des conférences ou bien à de simples allocutions faites par l'un des membres de l'association désigné à cet effet et ayant pour but de démontrer l'influence que peuvent avoir les productions de l'esprit et du goût sur le bonheur et le perfectionnement de l'homme et de la société ; 2° à des lectures soit sérieuses sans néanmoins être abstraites ou fatigantes, soit intéressantes et même amusantes, mais conservant toujours un caractère essentiellement

moral, ayant toujours un objet utile et déterminé;
3° à des concerts ou soirées musicales selon la nature et l'importance du lieu, destinés à répandre
et populariser le goût et l'amour de la musique;
4° à des expositions de peinture, sculpture,
architecture, œuvres d'art dans les endroits où
les richesses artistiques permettent de les organiser; à des exhibitions de dessins, gravures,
travaux se rattachant à l'une des branches que
nous venons de citer, dans les petites localités ;
toutes ces expositions ou exhibitions tendant à
provoquer l'émulation, à donner satisfaction à
l'esprit et aux yeux, en les détournant de plaisirs malsains et dangereux. Enfin d'autres réunions privées, auxquelles les sociétaires seuls
auraient le droit d'assister, seraient employées
à l'examen des questions d'administration, à
l'étude des moyens les plus propres à développer
et vulgariser l'association, à combattre les progrès du vice, à propager le culte de la vertu,
en la rendant plus facile, plus agréable et plus
séduisante.

Pour subvenir aux frais et dépenses de toute
nature occasionnés par l'organisation, l'entretien
et l'extension de la société et la rendre en
même temps accessible à tous, nous fixerions
les cotisations annuelles à cinq francs, chiffre
peu élevé, afin que les positions les plus modestes pussent participer comme les fortunes les
plus riches, aux mêmes titres et avec les mêmes

avantages, à notre œuvre de régénération sociale et de progrès intellectuel.

Ensuite, comme nous tenons absolument à faire de notre association une entreprise essentiellement morale et recommandable, nous déclarons formellement que nous n'admettrions comme sociétaire que des personnes d'une conduite et d'une moralité parfaites, d'une vertu et d'une honorabilité sans reproches. En conséquence nous exclurions d'une manière définitive et irrévocable tous les gens dont les antécédents ont donné prise à la critique, dont l'existence est flétrie, le failli, le prodigue, l'interdit, le condamné à une peine afflictive ou infamante; ceux que la loi déclare déchus de leurs droits politiques, civils et de famille; ceux-mêmes dont la vie présente ou passée n'est pas irréprochable. De plus nous avertissons qu'après être entrés dans notre société, tous ceux qui se mettraient dans l'un des cas signalés ci-dessus seraient complétement chassés et rayés du nombre de ses membres, et par conséquent privés des avantages et des priviléges attachés à ce titre, et du droit d'assister aux réunions particulières et de porter les insignes et le costume.

L'association toute entière serait dirigée par un président, assisté d'une autre personne, et tous deux seraient chargés de l'organisation et de la surveillance générales, et prendraient :

l'un, le nom de président fondateur ; l'autre, celui de président d'honneur de l'association internationale moralisatrice. Après eux viendraient d'autres présidents chargés de la direction et de la surveillance de toutes les communes et paroisses de chaque département ou de chaque région, avec le titre de président de département ou de région. En dessous de ceux-ci seraient encore d'autres présidents chargés de la direction et de la surveillance de tous les sociétaires de la même commune ou de la même paroisse, avec le titre de président de commune ou de paroisse. En dernier lieu viendraient les simples membres de l'association. Ceux-ci seraient nommés par le président fondateur et le président d'honneur, sur la présentation du président de leur commune ou de leur paroisse. Les présidents de commune ou de paroisse seraient choisis parmi les sociétaires les plus recommandables par leurs vertus ou leur savoir et nommés aussi par le président fondateur et le président d'honneur, sur la présentation du président de leur département ou de leur région. Enfin les présidents de département ou de région seraient choisis parmi les présidents de commune ou de paroisse les plus recommandables par leurs vertus ou leur savoir et nommés également par le président fondateur et le président d'honneur.

Afin de rendre cette société vraiment digne

à tous égards du respect que l'on avait autrefois pour les philosophes de l'antiquité, respect dont nous ne doutons pas qu'elle ne fût bientôt entourée, grâce à ses œuvres, à ses vertus et à ses services ; afin de lui imprimer un caractère vénérable et pour ainsi dire sacré et d'en faire une sorte de ministère, tous les sociétaires, hommes comme femmes, porteraient en signe de ralliement certains insignes qui seraient déterminés ultérieurement, et variant suivant le titre occupé dans l'association. A ce propos plusieurs personnes nous ont fait observer, et nous partageons entièrement leur sentiment à cet égard, que, de même que les prêtres, les professeurs, les magistrats, les avocats portent un costume sévère en rapport avec leurs graves fonctions, il serait bon que les membres de la nouvelle société portassent aussi, sinon un costume complet, au moins un vêtement rappelant par sa forme le caractère élevé et moral de l'œuvre. Ce vêtement se composerait d'un manteau court, autrement dit camail ou pèlerine, semblable à la pèlerine d'uniforme de nos prêtres catholiques, en usage aussi dans l'armée depuis quelques années.

Nous avons maintenant terminé l'exposé et le projet que nous avions l'intention de soumettre à nos lecteurs, et pour qu'il ne reste aucun doute dans leur esprit sur nos opinions personnelles, nous déclarons que nous n'avons

jamais eu et n'aurons jamais qu'une devise :
religion, liberté, patrie. Pour que tous soient
fixés d'une façon précise et certaine sur notre
but, nous répétons que notre plus grande préoccupation sera toujours de combattre le vice et
de propager la vertu, d'opposer aux habitudes
et aux plaisirs grossiers que nous rougissons
de nommer, l'ivresse, la débauche, la prosti-
tution, les jouissances si pures et si douces de
la pensée, de la littérature et des arts, véritablement dignes de l'homme et sources de tous
les nobles sentiments, de toutes les belles passions, de tous les généreux dévouements !

Afin de donner encore à notre exposé une
autorité plus grande et de prouver d'une manière
plus évidente que nos idées ont été partagées
aussi par des écrivains d'un mérite supérieur,
nous emprunterons le témoignage d'un auteur
dont personne n'a jamais contesté le talent,
Mme de Staël, et nous finirons par certaines
considérations tirées du dernier chapitre de son
livre célèbre sur l'Allemagne, où elle nous montre l'influence qu'exerce le culte des lettres et
des beaux-arts sur l'enthousiasme et par suite
sur le bonheur.

« Il est temps, dit-elle, de parler de bonheur !
« J'ai écarté ce mot avec un soin extrême, parce
« que depuis près d'un siècle surtout on l'a placé
« dans des plaisirs si grossiers, dans une vie si
« égoïste, dans des calculs si rétrécis, que

« l'image même en est profanée. Mais on peut le
« dire cependant avec confiance : l'enthousiasme
« est de tous les sentiments celui qui donne
« le plus de bonheur, le seul qui en donne véri-
« tablement, le seul qui sache vous faire sup-
« porter la destinée humaine dans toutes les
« situations où le sort peut nous placer.

« C'est en vain qu'on veut se réduire aux
« jouissances matérielles, l'âme revient de toutes
« parts ; l'orgueil, l'ambition, l'amour-propre,
« tout cela c'est encore de l'âme, quoiqu'un
« souffle empoisonné s'y mêle. Quelle misé-
« rable existence cependant que celle de tant
« d'hommes en ruse avec eux-mêmes presque
« autant qu'avec les autres, et repoussant les
« mouvements généreux qui renaissent dans
« leur cœur, comme une maladie de l'imagi-
« nation que le grand air doit dissiper ! Quelle
« pauvre existence aussi que celle de beaucoup
« d'hommes qui se contentent de ne pas faire
« du mal, et traitent de folie la source d'où dé-
« rivent les belles actions et les grandes pen-
« sées ! Ils se renferment par vanité dans une
« médiocrité tenace, qu'ils auraient pu rendre
« accessible aux lumières du dehors ; ils se con-
« damnent à cette monotonie d'idées, à cette
« froideur de sentiment qui laisse passer les
« jours sans en tirer ni fruits, ni progrès, ni
« souvenirs ; et si le temps ne sillonnait pas leurs
« traits, quelles traces auraient-ils gardées de

« son passage ? S'il ne fallait pas vieillir et
« mourir , quelle réflexion sérieuse entrerait
« jamais dans leur tête ?

« L'homme a la conscience du beau comme
« celle du bon, et la privation de l'un lui fait
« sentir le vide, ainsi que la déviation de l'autre
« le remords.

« On accuse l'enthousiasme d'être passager ;
« l'existence serait trop heureuse si l'on pouvait
« retenir des émotions si belles ; mais c'est parce
« qu'elles se dissipent aisément qu'il faut s'oc-
« cuper de les conserver. La poésie et les beaux-
« arts servent à développer dans l'homme ce
« bonheur d'illustre origine, qui relève les cœurs
« abattus et met à la place de l'inquiète satiété
« de la vie le sentiment habituel de l'harmonie
« divine dont nous et la nature faisons partie.
« Il n'est aucun devoir, aucun plaisir, aucun
« sentiment qui n'emprunte de l'enthousiasme
« je ne sais quel prestige, d'accord avec le pur
« charme de la vérité.

« Les hommes marchent tous au secours de
« leur pays quand les circonstances l'exigent ;
« mais s'ils sont inspirés par l'enthousiasme de
« leur patrie, de quel beau mouvement ne se
« sentent-ils pas saisis ? Le sol qui les a vus
« naître, la terre de leurs aïeux, la mer qui
« baigne les rochers, de longs souvenirs, une
« longue espérance, tout se soulève autour d'eux
« comme un appel au combat ; chaque batte-

« ment de leur cœur est une pensée d'amour et
« de fierté. Dieu l'a donnée, cette patrie, aux
« hommes qui peuvent la défendre, aux femmes
« qui, pour elle, consentent aux dangers de
« leurs frères, de leurs époux et de leurs fils.
« A l'approche des périls qui la menacent, une
« fièvre sans frisson, comme sans délire, hâte
« le cours du sang dans les veines; chaque
« effort dans une telle lutte vient du recueille-
« ment intérieur le plus profond. L'on n'aperçoit
« d'abord sur le visage de ces généreux citoyens
« que du calme; il y a trop de dignité dans leurs
« émotions pour qu'ils s'y livrent au dehors;
« mais que le signal se fasse entendre, que la
« bannière nationale flotte dans les airs, et vous
« verrez des regards jadis si doux, si prêts à le
« redevenir à l'aspect du malheur, tout à coup
« animés par une volonté sainte et terrible! Ni
« les blessures, ni le sang même ne feront plus
« frémir; ce n'est plus de la douleur, ce n'est
« plus de la mort, c'est une offrande au Dieu
« des armées; nul regret, nulle incertitude ne
« se mêlent alors aux résolutions les plus
« désespérées; et quand le cœur est entier dans
« ce qu'il veut, l'on jouit admirablement de
« l'existence. Dès que l'homme se divise au
« dedans de lui-même, il ne sent plus la vie
« que comme un mal; et si, de tous les sen-
« timents, l'enthousiasme est celui qui rend
« le plus heureux, c'est qu'il réunit, plus

« qu'aucun autre, toutes les forces de l'âme dans
« le même foyer.

« Les travaux de l'esprit ne semblent à beau-
« coup d'écrivains qu'une occupation presque
« mécanique et qui remplit leur vie comme toute
« autre profession pourrait le faire ; c'est encore
« quelque chose de préférer celle-là. Mais de
« tels hommes ont-ils l'idée du sublime bonheur
« de la pensée quand l'enthousiasme l'anime ?
« Savent-ils de quel espoir l'on se sent pénétré,
« quand on croit manifester par le don de l'élo-
« quence une vérité profonde, une vérité qui
« forme un généreux lien entre nous et toutes
« les âmes en sympathie avec la nôtre ?

« Les écrivains sans enthousiasme ne con-
« naissent de la carrière littéraire que les cri-
« tiques, les rivalités, les jalousies, tout ce qui
« doit menacer la tranquillité, quand on se mêle
« aux passions des hommes ; ces attaques et ces
« injustices font quelquefois du mal, mais la vraie,
« l'intime jouissance du talent peut-elle en être al-
« térée ? Quand un livre paraît, que de moments
« heureux n'a-t-il pas déjà valus à celui qui l'écrivit
« selon son cœur et comme un acte de son culte !
« Que de larmes pleines de douceur n'a-t-il pas
« répandues dans sa solitude sur les merveilles de
« la vie, l'amour, la gloire, la religion ! Enfin, dans
« ses rêveries, n'a-t-il pas joui de l'air comme
« l'oiseau, des ondes comme un chasseur al-
« téré, des fleurs comme un amant qui croit

« respirer encore les parfums dont sa maîtresse
« est environnée? Dans le monde, on se sent
« oppressé par ses facultés, et l'on souffre sou-
« vent d'être seul de sa nature au milieu de tant
« d'êtres qui vivent à si peu de frais; mais le
« talent créateur suffit, pour quelques instants
« du moins, à tous nos vœux; il a ses richesses
« et ses couronnes, il offre à nos regards les
« images lumineuses et pures d'un monde idéal,
« et son pouvoir s'étend quelquefois jusqu'à nous
« faire entendre dans notre cœur la voix d'un
« objet chéri.

« Les hommes sans enthousiasme croient
« goûter des jouissances par les arts; ils aiment
« l'élégance du luxe, ils veulent se connaître en
« musique et en peinture, afin d'en parler avec
« grâce, avec goût et même avec ce ton de
« supériorité qui convient à l'homme du monde,
« lorsqu'il s'agit de l'imagination ou de la na-
« ture; mais tous ces arides plaisirs, que sont-ils
« à côté du véritable enthousiasme? En contem-
« plant le regard de la Niobé, de cette douleur
« calme et terrible qui semble accuser les dieux
« d'avoir été jaloux du bonheur d'une mère, quel
« mouvement s'élève dans notre sein! Quelle
« consolation l'aspect de la beauté ne fait-il pas
« éprouver! Car la beauté est aussi de l'âme
« et l'admiration qu'elle inspire est noble et pure.
« Ne faut-il pas, pour admirer l'Apollon, sentir
« en soi-même un genre de fierté qui foule aux

« pieds tous les serpents de la terre ? Ne faut-il
« pas être chrétien pour pénétrer la physionomie
« des vierges de Raphaël et du saint Jérôme du
« Dominiquin ? pour retrouver la même expres-
« sion dans la grâce enchanteresse et dans le
« visage abattu, dans la jeunesse éclatante et
« dans les traits défigurés ? la même expression
« qui part de l'âme et traverse comme un rayon
« céleste l'aurore de la vie ou les ténèbres de
« l'âge avancé ?

« Y a-t-il de la musique pour ceux qui ne
« sont pas capables d'enthousiasme ? Une cer-
« taine habitude leur rend les sons harmonieux
« nécessaires, ils en jouissent comme de la
« saveur des fruits, du prestige des couleurs ;
« mais leur être entier a-t-il retenti comme une
« lyre, quand, au milieu de la nuit, le silence
« a tout à coup été troublé par des chants ou
« par ces instruments qui ressemblent à la voix
« humaine ? Ont-ils alors senti le mystère de
« l'existence dans cet attendrissement qui réunit
« nos deux natures et confond dans une même
« jouissance les sensations et l'âme ? Les palpi-
« tations de leur cœur ont-elles suivi le rhythme
« de la musique ? Une émotion pleine de charmes
« leur a-t-elle appris ces pleurs qui n'ont rien
« de personnel, ces pleurs qui ne demandent
« point de pitié, mais qui nous délivrent d'une
« souffrance inquiète excitée par le besoin d'ad-
« mirer et d'aimer ?

« Le goût des spectacles est universel, car
« la plupart des hommes ont plus d'imagination
« qu'ils ne croient, et ce qu'ils considèrent
« comme l'attrait du plaisir, comme une sorte
« de faiblesse qui tient encore à l'enfance,
« est souvent ce qu'ils ont de meilleur en eux;
« ils sont, en présence des fictions, vrais,
« naturels, émus, tandis que, dans le monde,
« la dissimulation, le calcul et la vanité dis-
« posent de leurs paroles, de leurs sentiments
« et de leurs actions. Mais pensent-ils avoir
« senti tout ce qu'inspire une tragédie vraiment
« belle, ces hommes pour qui la peinture des
« affections les plus profondes n'est qu'une dis-
« traction amusante? Se doutent-ils du trouble
« délicieux que font éprouver les passions épu-
« rées par la poésie? Ah! combien les fictions
« nous donnent de plaisirs! Elles nous inté-
« ressent sans faire naître en nous ni remords
« ni crainte, et la sensibilité qu'elles déve-
« loppent n'a pas cette âpreté douloureuse dont
« les affections véritables ne sont presque jamais
« exemptes.

« Quelle magie le langage de l'amour n'em-
« prunte-t-il pas de la poésie et des beaux-
« arts! Qu'il est beau d'aimer par le cœur et
« par la pensée, de varier ainsi de mille
« manières un sentiment qu'un seul mot peut
« exprimer, mais pour lequel toutes les pa-
« roles du monde ne sont encore que misère;

« de se pénétrer des chefs-d'œuvre de l'ima-
« gination, qui relèvent tous de l'amour, et
« de trouver, dans les merveilles de la nature
« et du génie, quelques expressions de plus
« pour révéler son propre cœur ! »

Caen, Typ. F. Le Blanc-Hardel.